中世の非人と遊女

網野善彦

講談社学術文庫

目次

第II部　中世の女性と遊女

中世の非人と遊女

序章

第一節　聖と俗の境で

寿永《じゆえい》二年（一一八三）十一月、木曾義仲《きそよしなか》が後白河《ごしらかわ》法皇の居所法住寺殿《ほうじゆうじどの》を襲ったとき、法皇側の集めた官兵は「向へ礫《つぶて》、印地《いんじ》、云甲斐《いうかい》なき辻冠者原《かじやばら》、乞食法師《こつじき》ども」であったと、『平家物語』は語り、『源平盛衰記《げんぺいせいすいき》』も「堀河商人、向ヒ飛礫《つぶて》ノ印地冠者原、乞食法師」であったと記す。これはおそらくフィクションではない。堀河商人は京の堀川で材木を扱う商人であるが、乞食法師―非人とともに、検非違使《けびいし》の管轄《かんかつ》下に置かれていた（本書、第Ⅰ部第四章）。そして、白河の印地、河原《かわら》印地などといわれた人々は飛礫を打つ「悪党《あくとう》」であり、ほぼ非人《ひにん》、河原者《かわらもの》と重なるといってよい。とすれば、「王朝国家のキヨメ身分」として差別の対象になりはじめていたこれらの人々は、「合戦ノ様モ争カ習《いかで》フベシ」（『源平盛衰記』）といわれているとはいえ、このころ、検非違使に統轄された、天皇・法皇の直属武力として、かなりの実力を持っていたといわなくてはならない。

こうしたあり方は、建武新政期までつづいていたと思われる。新政下、内裏に出入りした、覆面《ふくめん》をし、足駄《あしだ》をはき、革の韈《しとうず》をつけた「異形《いぎよう》」の人々のなかに、非人、河原印地の人々がいたことは、まず間違いない。それは討幕に当たって、後醍醐《ごだいご》天皇が文観《もんかん》を通して非人を動員した結果であり、そうした「婆娑羅《ばさら》」な風体《ふうてい》をした人々が、文観の「手の者」として、新政の武力になったことも確実である。ここでも非人、河原者は天皇に直属する軍事力であった。

もとより、後醍醐、南朝の敗北、天皇の権力と権威の決定的低落とともに、こうしたことはもはや見出し難くなる。しかし、十六世紀初頭、諸国を自由に往反《おうへん》して塩を売る権利を与えられていると主張、淀の魚市で公事《くじ》を徴収された不当を訴えた清水坂者《きよみずのさかのもの》は、「一道の人非人」と自《みずか》らを賤《いや》しめつつも、祇園《ぎおん》社犬神人《いぬじにん》、山門西塔転法輪堂《てんぼうりんどう》寄人《よりうど》として、「延喜御門《えんぎのみかど》」（醍醐天皇）のときから、正月元三《がんさん》日より中御門《なかみかど》で、一天下の千秋万歳《せんずまんざい》を祈り、諸人に「万歳物」を売り賦《くば》ってきたとのべて、自らの天皇、神仏への直属性を強調している（「八坂神社文書」「北風文書」）（本書、第Ⅰ部付論二）。坂者が塩の売買に携わったのは塩のキヨメの機能と関係があることはいうまでもなく、この人々は一方で千秋万歳の祝言――芸能を通して、「一天下」のキヨメも行っていたのであるが、なによりこれによって、被差別部落に伝わる「河原巻物」にその職能との関連でしばしば登場する「延喜御門」に関する伝承が、すでに十五世紀に成立していた事実を明確に知ることができるのである。

もちろんこの時期の天皇と非人・河原者との結びつきも、決して伝承だけではない。十五世紀前半、一方で「穢多《えた》の事なり」とされて禁中《きんちゅう》への参入を禁じられたこともあった河原者は、他方では作庭に携《たずさ》わり、キヨメの白砂を用いる「禁裏《きんり》御《お》庭者《にわもの》」として天皇に直属し、四条河原に「祓田《はらえだ》」という田地を給与されている。また、天皇だけでなく、河原者はこのころ

「公方」——室町将軍にも直属しており、作庭家として知られる善阿弥は「公方御庭者」であった。それは将軍足利義教《あしかがよしのり》が非人のために「長棟風呂《ながむねふろ》」を建立し、坂者、宿者が塩売りをしたのは、その風呂を維持するためであったといわれていることからも知ることができる。そして、こうしたあり方は、江戸時代、将軍に「庭」を通じて直属し、その密偵《みってい》、隠密《おんみつ》となった「御庭番《おにわばん》」にまで通じているといってよかろう。

しかし、中世、天皇や神仏の直属民であったのは、非人・河原者だけではない。商工民、芸能民、呪術的宗教者等、多くの職能民が、こうした「聖なるもの」に結びついて供御人《くごにん》、神人《じにん》、寄人《よりうど》などの称号を与えられ、自ら「神奴《しんぬ》」「寺奴《じぬ》」と称し、「聖別」された存在として平民と区別されたさまざまな特権を保証されていたのである。非人、河原者も、たしかにその職能が「穢《けがれ》」のキヨメという呪術的色彩を濃厚に持っていた点に特異さがあるとはいえ、祇園社の犬神人、興福寺、延暦寺の寄人である限りにおいて、これら供御人、神人、寄人と同様、「聖別」された身分に属していたということができる。

こうしたさまざまな職能民と天皇、神仏とのつながり、一般化していえば、職人と王権あるいは聖なるものとの結びつきは、アフリカ、スリランカ、メキシコ、ペルーなど、世界の諸民族の社会にもかなり広く見出しうることで、人間社会の本質に深く根ざしたものであった。そしてそれはなによりも、日本中世では「芸能」と総称された専門的な職能自体の持つ「境界的」な性格に起因する、といってよかろう。

現代のわれわれが、職人の見事な腕前に「神技」を感ずるのと同様、このころの人々はそれ以上に、職能民の駆使する技術、その演ずる芸能、さらには呪術に、人ならぬものの力を見出し、職能民自身、自らの「芸能」の背後に神仏の力を感じとっていたに相違ない。それはまさしく、「聖」と「俗」との境界に働く力であり、自然の底知れぬ力を人間の社会に導き入れる懸け橋であった。こうした力を身につけた職能民が天皇、神仏などの「聖なるもの」に直属して、その「芸能」の初尾を捧げ、自らを「聖別」された存在とした理由のひとつは、ここに求められる。

しかしそれだけではない。中世前期までの職能民の多くは、遍歴してその生業を営んだ。それ故、これらの人々の専《もっぱ》ら活動する舞台は、山野河海《さんやかかい》、河原、道路、境など、だれのものでもない「無所有」の場、「境界的」な場であった。遍歴する人々の蝟集《いしゅう》する市の立ったのも河原・中洲・浜・境などであり、当時の人々にとって、こうした場は神仏の力の働く「聖なる場」だったのである。

国家の成立後、制度的には、このような場は王権の支配下に置かれる形をとるのがふつうである。日本の場合も同様であった。井上鋭夫がワタリ、タイシの源流と考えた川の民の活動の場となった北越後の瀬波川《せなみ》、荒川《あらかわ》はともに公領であり、川は原則的に国衙《こくが》の支配下に置かれていた。山の民の舞台となった鉱山も同様である。摂津《せっつ》の採銅所は平安後期以後、天皇の直轄であり、はるか降《くだ》って十六世紀においてすら、毛利氏は石見銀山《いわみぎんざん》を「禁裏御領《きんりごりょう》」としているのである。

古来以来、山野河海、交通路は天皇の支配権の下にあり、中世に入ってから、東日本の交通路については将軍の統治権下に置かれたが、西日本の交通路の支配には、少なくとも南北朝動乱の初期まで、天皇の実質的な力が及んでいたのである。非人を含む職能民が、関所料等の交通税免除、自由な通行権の保証を天皇に求め、神仏の権威を背景にそれを実現した理由のひとつはここにあるといってよい。

しかしそれは中世前期までのことである。実際、さきにのべたように、非人、河原者が堂々と内裏に出入りし、天皇の直属軍として「婆娑羅《ばさら》」な風を誇っていた時代、特有の覆面《ふくめん》をした犬神人が神仏に直属する刑吏としてその実力を行使し、住宅の破却《はきやく》を行っていた時期と、坂者が自らを「一道の人非人」「浅間敷者《あさましきもの》」と卑下《ひげ》し、河原者がときに「穢多」とさえいわれるようになった時代との間には、ひとしく天皇、神仏の直属の職能民といっても、やはり大きな隔《へだ》たりがあるといわなくてはならない。その間には、南北朝の動乱を契機とした社会の根底的な転換期が横たわっており、この動乱を境に、天皇、神仏の権威は著しく低下し、「聖なるもの」のあり方も大きく変化した。そしてそれは、否応《いやおう》なしに、供御人、神人、寄人などのさまざまな職能民の地位にも、甚大《じんだい》な影響を及ぼしたのである。

多くの手工業者や商人、廻船人《かいせんにん》などは、その富の力を背景に動乱を乗り切り、俗権力から従前の特権を保証されて津《つ》・泊《とまり》などに定着し、都市民としてその社会的な立場を確立していった。また非人に近い立場にあった猿楽《さるがく》などの芸能民も、多くの観客を相手にその芸を磨き上げ、一部からはなお「乞食の所行」などといわれつつも、室町将軍の手厚い保護をうけて地歩を固めていった。

しかし神仏の権威に依存するところ大きく、中世後期以降も依然として漂泊、遍歴をつづけることを余儀なくされた若干《じやつかん》の漁撈《ぎよろう》民、狩猟民や、呪術的な宗教民、芸能民の一部の場合、かつて保持した平民と区別される特権は、逆にここで差別の要因に転化していった。とくに、その職能そのものが社会的に忌避《きひ》された「穢《けがれ》」に関わることの多い人々、非人、河原者、三昧聖《さんまいひじり》、斃牛斃馬《へいぎゆうへいば》を扱う人や、セックスを職能とした遊女などは、かつての「聖なるもの」との結びつきを失った結果、室町期以降、次第に強烈な社会的賤視の下に置かれることになっていったのである。

そして江戸時代、遊女が遊廓に閉じこめられたように、幕府はときとして、これらの被差別民を特定の場所に強制的に集住させる処置をとった。たしかに西日本の職能民は、鋳物師《いもじ》の集住する金屋集落や鍛冶屋《かじや》村のように、職能に即して集住することが多く、幕府の施策もそれをひとつの背景としていることは事実であるが、こうした江戸幕府の差別的な支配の下で、他の諸民族に余り例を見ない被差別部落、遊廓が形成されていった。

しかしこのような状況が、日本列島の全域で同じように進行していたわけでは決してない。十五、六世紀、国家形成期にさしかかりつつあったアイヌ人の世界はもとより、琉球《りゆうきゆう》王国の下にあった沖縄でも、さきに見たような「聖なるもの」の権威は近代にいたるまで生きつづけており、また沖縄では肉食を忌避する習俗もなく、そのような意味での被差別部落は、一部の芸能民をのぞき、形成されていないのである。

また本州・四国・九州についても、中世において非人、犬神人の活動を確認しうる地域は著しく西日本に偏《かたよ》っている。京都を中心とする畿内諸国及びその周辺に見出される非人の宿は、肥後《ひご》の国分寺《こくぶんじ》と関わりのある国分《こくぶ》にも見出される。非人の救済に力を注いだ叡尊《えいぞん》、忍性《にんしょう》によって大きな発展をとげた西大寺《さいだいじ》流律宗《りゅうりつしゅう》は、西日本諸国の国分寺を多くその末寺としており、「山椒《さんしょう》大夫《だゆう》」における丹後《たんご》の国分寺のあり方からも推測しうるように、西日本の国分寺周辺には、非人宿のある場合がかなりあったのではなかろうか。

犬神人も京都だけにいたのではない。応安《おうあん》元年（一三六八）、延暦寺の政所《まんどころ》集会は決議して、「畿内近国犬神人等」に南禅寺の破却を命じている。この「近国」がどの範囲であるかは明らかでないが、後年、美濃《みの》、越前《えちぜん》には犬神人のいたことを確認しうるので、少なくともそこまでは犬神人が活動していたと見てよかろう。

ところがこれに比べて、東日本には非人、犬神人の所見がきわめて少ないのである。もともと東日本の文献史料は西日本に比して著しく少なく、今後の探索の余地も残っているので軽々にはいえないが、現在のところ、京都から多くの職能民を招き寄せた鎌倉において、応《おう》永《えい》二年（一三九五）、鶴岡八幡宮《つるがおかはちまんぐう》に属する犬神人が活動していたこと（「鶴岡事書案」）を知りうるのと、鎌倉時代に作成された越後国奥山荘《えちごのくにおくやましょう》の文書に「非人所《ひにんどころ》」を確認しうるのと、この二つの事例しか見出されていない。これは神仏の直属民といってきた神人、寄人についてもいいうることで、鎌倉には八幡宮の「黄衣《こうえ》神人」が見られるが、西日本のように、職能民が神人、寄人となっている例は、東日本ではきわめて少ないのである。

こうした中世における両地域の差異が、現在、被差別部落の分布が東日本と比べてはるかに濃密であるという事実と関わりのあることは、おそらく間違いない。しかしなぜこのような違いが生じたのかについては、なお慎重に研究を進める必要がある。

すでに縄文、弥生《やよい》の時代から、東日本の社会と西日本の社会とは、かなり異なった体質を持ち、「穢」に対する対処の仕方も違っていることは、考古学、民族学の研究によって明らかにされつつある。「日本民族」を頭から均質な集団ときめこむ俗説から離れ、こうした視点から列島の諸地域の社会、文化の差異を細かく追究してゆく道は、さらに広く拓《ひら》かれなくてはなるまい。またそれは殺人を伴う戦闘を職能とする戦士―武士、西日本の人々から「屠《と》膾《かい》の輩《ともがら》」と罵《ののし》られた武士によって樹立された鎌倉幕府以後の東の王権と天皇を頂点とする西の王権、それを支える双方の社会の構造の差とも関係があると思われるが、この解明は今後に委《ゆだ》ねるほかない。

第二節　女たちの中世

「日本の女性は処女の純潔を少しも重んじない。それを欠いても、名誉も失わなければ、結婚もできる」「ヨーロッパでは、罪悪については別としても、妻を離別することは最大の不名誉である。日本では意のままにいつでも離別する。妻はそのことによって、名誉も失わないし、また結婚もできる」「日本ではしばしば妻が夫を離別する」「日本では娘たちは両親にことわりもしないで一日でも幾日でも、ひとりで好きな所へ出かける」「日本の女性は夫に知らせず、好きな所に行く自由をもっている」「日本では比丘尼《びくに》の僧院はほとんど淫売婦《いんばいふ》の街になっている」。

十六世紀後半、日本に滞在したポルトガル人のイエズス会司祭ルイス・フロイスは、ヨーロッパの女性と著しく異なる日本の女性のあり方について、このように記す（『ヨーロッパ文化と日本文化』岩波文庫、あるいは『フロイスの日本覚書』中公新書）。ここには、フロイスが異国人であるが故《ゆえ》に、かえって見事にとらええた西日本の、社会の特質の一端が鋭く現われている。それは宮本常一が『忘れられた日本人』（岩波文庫）などで描いた西日本の民族とも、たしかに共通するところがあり、決して異国人の偏見としてすますことはできない。

　実際、女性の一人旅は中世においてもさかんに行われていた。『今昔物語集《こんじゃく》』には、赤子《あかご》連れで山中を旅する女性の話が現われるし、絵巻物を見れば、伴《とも》もつれない旅姿の女性、女性だけの旅人を数多く見出すことができる。

　もちろん危険がなかったわけではない。『今昔物語集』の女性は乞食に襲われているし、道路、辻で女性を襲う「女捕《めとり》」が「御成敗式目《ごせいばいしきもく》」をはじめとする諸法令で厳しく禁じられていることから見ても、そうした危機に女性が遭遇することは少なくなかったであろう。しかし、赤子を犠牲にした女性の話が説話になっていることは、こうした事態が異常な出来事だったことを物語っており、『御伽草子《おとぎぞうし》』の「物くさ太郎」では、「男もつれず、輿車《こしぐるま》にも乗らぬ女房の、みめよき」を「女捕《めと》る」ことは、「天下の御ゆるしにて有なり」とまでいわれているのである。とすれば、女性自身、一人で旅をするときには、そうしたことの起こりうるのを覚悟の上であったと考えることもできる。さきのフロイスの観察が正確であるなら、このようなことも大いにありえたであろう。

　遊女・傀儡《くぐつ》・白拍子《しらびょうし》についても、これを単に特異な女性芸能集団とするのではなく、このような日本の社会における一般の女性のあり方のなかでとらえる必要があろう。実際、絵巻物のなかで、一人旅する女性たちはしばしば壺装束《つぼしょうぞく》をし、市女《いちめ》笠《がさ》を深くかぶって顔をかくし、物詣《ものもうで》するときには、襷《ちはや》をかけた巫女《みこ》の姿に似た服装をしている場合も見られる。それはおそらく、さきのような危険の回避とも関わっているのであろうが、他方、巫女と遊女・傀傴・白拍子との間に深いつながりのあったことは、柳田国男・中山太郎がすでに詳しく指摘しているところであり、その残映は比丘尼が娼婦《しょうふ》と同じであったというフロイスの記述にも見出すことができよう。

さらに、室町時代には遊女の一種とみなされ、江戸時代になるととくにその独特の被物《かぶりもの》によって知られた桂女《かつらめ》は、じつは山城《やましろ》の桂に根拠を持つ鵜飼《うかい》—桂供御人《かつらくごにん》の女性たちであり、鎌倉時代には遍歴する鮎《あゆ》売りの商人として、やはり「おほやけもの」といわれていた。桂女だけではない。建久《けんきゅう》三年（一一九二）、京の六角町《ろっかくまち》に、四宇の店棚《みせだな》を与えられ、六角町四宇供御人ともよばれた生魚商人—粟津橋本供御人は、みな「女商人」であった。現在も漁村には、魚貝・海藻《かいそう》を持ち、山をこえて行商にいく女性が見られるが、その源流はきわめて古いのである。

こうした女性の商人は、いまも京都の名物である大原女《おはらめ》が、平安時代後期、すでに「売炭婦」といわれ、炭売りの女性として姿を現わしているように、魚貝・海藻だけでなく、広く他の物品にも及んでいた。この大原女も、朝廷の行事所に炭を貢進した炭焼きの集団の女性であったが、同じ京都の北方の山地にあって炭を焼き、主殿寮《とのもりょう》に属して京中をはじめ各地で炭や松明《たいまつ》を交易した小野山供御人の女性も炭竈《すみがま》を独自に持っており、おそらく女性商人であったと見てよかろう。

麩《からこ》・蒟蒻《こんにゃく》・蓮根《れんこん》などの精進《しょうじん》物を扱う商人にも女性が多かった。鎌倉初期、御厨子所《みずしどころ》に属した精進唐粉《からこ》供御人は、「閉女《とじめ》（刀自女）」といわれており、この供御人を統轄した惣官《そうかん》も内《ない》侍所《しどころ》の女官で猪熊という女性だった。祇園社の神人《じにん》のなかにも女商人が多い。古くは「洛中白河辻職」とよばれたという餅・菓子の商人は、祇園社の巫女右方四座が統轄しており、巫女はここでも女商人と無関係ではなかった。また南北朝期に、三条町・七条町に町座を持つ綿本座《わたほんざ》神人と争って勝訴した綿新座《わたしんざ》商人は、振売《ふりう》りの里商人であり、柿宮女・安久利女・鶴松女などの女性が多かった。おそらく本座の神人も同様であったろう。

安居《あんご》神人とよばれた小袖商人も女性であり、興味深いことにその夫は檜物師《ひものし》であった。フロイスの指摘はここにも生きている。女商人は夫の生産物を売り、その仕事を補助したのではなく、このころまでは自らの財産と職能を持ち、座の成員として正式の神人となっていたのである。

このように、少なくとも南北朝期まで、女性の商人は遊女・巫女などとも未分化な部分を残しつつ、広く社会でそれなりに独自な立場を保持しながら活動していた。それ故、この現象は社会的な分業の発展に伴う、女性の新たな社会への進出などでは決してない。その源流は遊女・巫女などとの重なりをさらに強めつつ、平安後期はもとより、さらに古くまで遡《さかのぼ》ることができるであろう。「遊行」し、遍歴する女性たちは、意外に古くから多かったのであり、むしろこれは女性の本質にまで関わる問題なのかもしれない。

もちろん、室町、戦国期に入っても女性の商人は多い。文献史料によって見ても、魚売り、酒売り、餅売り、塩売り、帯売り、扇売り、紺灰《こうばい》売りなどに女性の姿を見出すことができる。なかには、天文《てんぶん》十六年（一五四七）、塩座の座頭《ざとう》のひとりとなった五位女《ごいめ》、長享《ちょうきょう》二年（一四八八）、洛中《らくちゅう》帯座座頭職《ざとうしき》となった亀屋五位女のように、公的な地位を保証された女性もいたし、「おとな衆」「御料人《ごりょうにん》」などといわれた扇売りもあった。

『三十二番職人歌合《さんじゅうにばんしょくにんうたあわせ》』、とくに『七十一番職人歌合《しちじゅういちばん》』は、これら多種多様な女性の商人をはじめ、女性の芸能民・宗教者たちを細かく描き分けている。女性の商人・手工業者の多くは、それぞれに白布で被物《かぶりもの》をしているが、白物売り、帯売り、扇売り、薫物《たきもの》売りなどの場合には、白拍子、曲舞々《くせまいまい》、立君《たちぎみ》、辻子君《ずしぎみ》、巫女などの芸能民・宗教者と同じく、垂髪《すいはつ》で眉をそり落として「茫々眉《ぼうぼうまゆ》」を描いており、なおそこに遊女・巫女との重なりをうかがうことができる。そして、各種の「洛中洛外図」では、店棚のなかにも、扇屋・紅屋などのように、明らかに女主人と見られる女性を見出すこともできる。

しかし、すでに圧倒的に多くの店棚では、女性たちは男性の補助者として姿を見せるようになっており、さきのような「職人歌合」が細かく描かれたこと自体、女性たちの職能の分化をはっきりと物語っているといえよう。こうした分化——まさしく社会的分業の発達による職能の分化の進行とともに、女性全体の社会的地位の低下が進み、さらにそのなかで、「性」をもっぱら「交易」する遊女たち、とくに「屋」を持つことなく遍歴をつづける女性たちに対する賤視も顕著になっていったのであった。

かつては神とも関わりを持ち、「公庭」の所属ともいわれて、高い地位を保ってきた遊女たちの運命の、こうした激変を通して、われわれは日本の社会の大きな構造的変化――「文明」のよりいっそう深い浸透――を読みとることができる。他の「職人」とちがって、天皇自身の後裔《こうえい》と自らを位置づける遊女・傀儡たちの特異な伝承は、こうした「聖」から「賤」への著しい転換に直面した彼女たちの、精一杯の自己主張であった。そしてそうした伝承にも支えられつつ、「苦界《くがい》」とまでいわれながら、遊廓は確実に江戸時代における文化のひとつの源泉でありつづけたのである。「妹《いも》の力」のはかりしれぬ根強さを、われわれはここにも見出すことができるのではなかろうか。

第I部　中世の「非人」

第一章　中世身分制の一考察——中世前期の非人を中心に——

一　研究の現状

近年、被差別民を視野のなかに入れた中世の身分制度の研究は著しく活発化し、戦後歴史学の第一期に提起され、ほとんど「定説」と化していた「散所賤民説《さんじよせんみんせつ》」を克服して、いまや確実に新たな段階に入りつつある。

いまさらいうまでもなく、荒蕪地《こうぶち》・免税地である散所に居住し、諸種の雑役・輸送・狩猟漁撈《ぎよろう》に携わる集団を、中世賤民の存在形態と規定したのは林屋辰三郎であり、「山椒大夫《さんしようだゆう》の原像」から楠木正成《くすのきまさしげ》散所長者説にいたる、鋭い洞察にみちた指摘をも含めて、戦後の被差別部落形成史の基本的視点はこれによって定まったといっても決して過言ではなかろう(1)。この説に共感を示しつつ、中世都市商工業史の視角から室町期を中心に河原者の具体的なあり方を追究した原田伴彦の研究とともに(2)、散所と河原者を中世の賤民と見る林屋説は、近年にいたるまで、圧倒的な影響力を持ちつづけてきた。

また、未完成に終わったとはいえ、この見方に立って編纂《へんさん》された史料集『部落史に関する綜合的研究』史料第一―四の四冊は、[3]被差別部落形成史の研究のための重要な基盤を築いたもので、現在までの諸研究は、みな大なり小なり、直接的にはそこを出発点として展開されてきたといってよかろう。しかしそうして進められてきた研究が、現在、視野を戦前の柳田国男・喜田貞吉・森末義彰などの達成にまでひろげつつ、自らの母胎となった散所賤民説をのりこえ、新たな展望をひらきはじめたのである。

もとより林屋説に対する疑問は早くから現われていた。散所を本所に対する語と見る渡辺広、[4]散所民を直ちに隷属民と見る発想に疑問を投げかけた横井清、[5]本所に対する散在の「所」が散所であるとする黒田俊雄[6]・脇田晴子[7]らの説が提出されたのは、すでに一九五〇年代後半以来のことであったが、七〇年代に入り、林屋の脇田への反論、[8]脇田の再批判[9]が行われたのをはじめ、散所は浮浪隷属民と関係なく、むしろ令制下の中下級官人層の再編過程の問題であり、「散所」を冠してよばれる階層、随身《ずいじん》・楽人《がくにん》・召次《めしつぎ》・雑色《ぞうしき》・神人《じにん》等々は、天皇に職能的に近侍《きんじ》・伺候《しこう》する私的官人と見るべきであると主張する丹生谷哲一《にゅうのやてついち》の論稿[10]が現われたことによって、研究は間違いなく一時期を画するにいたった。

このうち随身については中原俊章によってさらに具体的に追究され、[11]私も召次・雑色・駕《か》輿丁《よちょう》に即して考えてみたが、[12]ごく最近、丹生谷はさらに「散所御家人」をめぐる興味深い論稿[13]を発表しており、もはや「散所」というだけで卑賤視《ひせんし》されたと見る「常識」は、少なくとも中世前期に関しては確実に崩壊したといわなくてはならない。とはいえ中世後期に入れば、この「常識」が実際に通用していたことも間違いない事実であり、そこに「散所」という言葉の語義そのものの変化の徴候を見ることができるのであるが、(14)その点に関しては脇田の力作「散所論」(15)において、中世前期の「散所」のなかで、卑賤視に関わるのは散所法師であり、それは散所非人にほかならないことが的確に指摘されたことによって、問題の所在がいっそう明確になってきたといえよう。中世後期の多少とも卑賤視された「散所」につながるのは、まさしくこの人々だったのである。

こうしてかつての「散所賤民説」は、一方では賤民論とは直接の関わりなく、中世の下級官人層の存在形態を中心とする諸問題に発展するとともに、他方、賤民論としての視点をいっそう深化させることによって、非人そのものの問題にしぼられていくこととなった、ということができよう。

しかし中世の非人については、すでに喜田(16)・渡辺(17)らによって早くから取り上げられており、一九六〇年代初頭、横井清がその論稿「中世における卑賤観の展開とその条件」(18)のなかで、穢多《えた》・河原者《かわらもの》とともに非人に焦点をあて、その多様なあり方を明らかにしつつ、「非人乞食という呼称は」中世を通じて「強烈な蔑称《べっしょう》としての効用」を果たしていたことを指摘し、中世賤民論のひとつの中心にこれをすえてからのち、しばらくは本格的に論じられることはなかったのである。横井はその後、さらに「中世の触穢《しょくえ》思想」(19)に注目、「穢《けがれ》」の問題を通じて問題を掘り下げていったが、非人そのものについての論議は、さきの散所をめぐる論争と並行して発表された黒田俊雄の労作「中世の身分制と卑賤観念」[20]が、これを身分制度全体の中に位置づけ、大きな問題を提起したことによって、ようやく軌道にのったといってよかろう。

すでに早く「七乞《こ》食《じき》と芸能」[21]に注目し、散所論についても、本所に対応するものと指摘してきた黒田は、この論文で中世の身分制に種姓＝カースト的な特質のあったことを主張しつつ、非人の諸形態を詳しくあとづけ、これを権門《けんもん》体制の支配秩序の諸身分から原則としてはずれた「身分外の身分」と規定した。これは非人の中世社会における位置づけについて、はじめて正面から総合的に取り組んだ点で、画期的な仕事といわなくてはならない。

この黒田の問題提起は大きな反響をよびおこした。大山喬平は非人に関する史料の発掘と再検討の上に立って、中世の身分制における中心的な問題として、非人のあり方を追究した。[22]横井の指摘をうけついで、ケガレの問題を取り上げた大山は、それが天皇の居所、ひいては神祇《じんぎ》、都市生活と深く関わっていることを強調、清水坂と奈良坂の非人の争いの再検討を通じて、[23]長吏《ちょうり》に統率された非人集団の座的編成、その裁判権の自立的性格、乞庭《こつば》の権利などを明らかにし、中世社会におけるその職能が、基本的にキヨメにあり、具体的には刑吏《けいり》、土木工事、葬送、斃牛馬《へいぎゅうば》処理、声聞師《しょうもんじ》などの芸能、乞食などであったことを鮮やかに解明した。そしてこうした非人の存在形態と職能の分析の上に立って、大山は非人身分を「凡下《ぼんげ》・

百姓の一つの特殊な形態」と規定し、黒田と対立する見解を打ち出したのである。

前述した脇田の「散所論」も、この対立を前提としつつ展開されたものであり、永原慶二も共同体からの流出民に被差別民の根源を見出す、かねてからの見解[24]をさらに発展させ、ケガレと天皇との関係にも注目しつつ、非人が職能集団として荘園制的な社会的分業、身分編成の中に位置づけられていく過程を追究した。[25]さらにこれまで、「中家文書」の分析などを通して、惣村《そうそん》と未解放部落民との関係に注目してきた三浦圭一[26]も、中世後期に焦点を合わせ、散所・賤民について精力的な研究を進め、その多様なあり方を豊富な史料によって明らかにしつつあるが、[27]三浦の場合も、これらの人々が都市貴族や大寺社の家産的な支配をうけていたことを強調、散所身分を荘園制的な土地所有に基づく支配秩序によって支えられた身分と規定する点で永原に近く、やはり黒田と見解を異《こと》にしている。

私自身は中世における非人を「職人」身分のひとつととらえる立場に立つが、[28]こうした論議と並行して、さきにもふれた渡辺広が、共同体から疎外された社会外の社会の形成過程のなかに、未解放部落の成立と展開過程をとらえる独自な研究を、新著[29]にまとめたのをはじめ、人種起源論に対するきびしい批判とともに、荘園内の雑役（きよめ）に、被差別部落の主な源流を見出そうとする落合重信、[30]逆に中世自治都市の弾圧と被差別部落形成との深い関連を強調する石尾芳久、[31]中世賤民と雑芸能について丹念に蒐集《しゅうしゅう》された史料をもとに追究した盛田嘉徳、[32]ケガレと天皇と被差別部落との関係に一貫して焦点を絞った稲田陽一[33]など、いずれもさきの論点に関わる著作があいついで公刊される一方、非人と不可分に関わっている西大寺流《さいだいじりゅう》律宗《りつしゅう》についての細川涼一の論文(34)や、中世後期を中心に大和《やまと》の非人のあり方を解明した山田洋子の論稿(35)など、若い研究者のすぐれた研究も発表されつつあり、論議のいっそうの活発化(36)によって、この分野の研究は今後、さらに飛躍的な発展をとげると予想される。

しかし中世における差別の問題は、非人のそれにとどまるものではない。定住と漂泊、農業と非農業、さらにさきの律宗をはじめ時宗《じしゅう》・一向宗《いっこうしゅう》・太子信仰との関係などの問題が、つねにそこにからんで存在しており、こうした側面についても研究は多く、論点の整理が必要となっているが、いまはその余裕がないので、以下、こうした点にも考慮をはらいつつ、主として中世前期の非人に焦点を合わせて、その存在形態を私なりに考えてみることとしたい。

二　非人集団の形成

鎌倉後期、洛中洛外を中心として、蓮台野《れんだいの》、東悲田院《ひでんいん》、獄舎、清水坂、大籠《だいろう》などに非人が多数おり、これに散在非人と散所非人とを加えると、総数二〇二七人に及んだことは、最近公刊された『公衡公記』(37)によって、すでに周知の事実となった。その居住地やその後の活動状況から見て、葬送、刑吏・掃除・土木工事等に従事し、乞食・芸能にも関わりを持ち、病者・囚人をも含むと見られるこうした非人集団が、鎌倉中期以降、奈良を中心とする大和《やまと》をはじめ、畿内およびその周辺の国々、さらに鎌倉等にも存在していたことはよく知られているが、このような多様な職能を持つ人々が非人としてまとまり、一個の職能集団を形成するようになるのは、おおよそ十一世紀、平安後期以降のことと思われる。

それは古代国家の機構の弛緩・解体・中世的な京都・奈良等の都市の形成と深く関連する動きであった。例えば、さきにあげた京都の非人の本拠のうち、悲田院について見ると、承《じょう》和《わ》九年（八四二）、左右京職の管轄下にあった東西悲田院《ひでんいん》は料物を給付され、「嶋田及び鴨河原等」の髑髏《どくろ》を焼いており（『続日本後紀《しょくにほんこうき》』）、早くから葬送の機能を持ち、河原にも関わりを持っていた。一方、寛平《かんぴょう》八年（八九六）閏《うるう》正月十七日の官符は、施薬院《せやくいん》の奏状により、同院と東西悲田院の病者・孤子について、左右看督《かど》・近衛《このえ》等を番に分かって巡検せしめ、院《いん》司《じ》・預《あずかり》などの闕怠を監察させるとともに、京中の路辺の病者・孤子を悲田院に収養させ、さらに大蔵・宮内両省の古綿・畳などを給付することとしている（『類聚三代格《るいじゅうさんだいきゃく》』）。悲田院が院司・預・雑使《ぞうし》という組織を持ち、このころすでに検非違使の管理下に移る徴候を見せつつあり、預による請負的な体制によって運営されるようになっていることに注目しなくてはならないが、しかしこれらの機関はなお古代国家機構の一分枝としての性格を保っていたのである。

しかし十一世紀に入ると、例えば『小右記《しょうゆうき》』万寿《まんじゅ》二年（一〇二五）八月十三日条に、白米・和布《わかめ》・干魚・熟瓜等を悲田院の三十余人に給わるとあり、同四年（一〇二七）九月十八日にも三十一人に人別米二升《しょう》・干魚二隻《せき》を施行《せぎょう》、同十二月四日、道長《みちなが》の危篤《きとく》により、別納所の米を悲田院病者三十五人、六波羅蜜《ろくはらみつ》寺坂下の者十九人に、さらに道長の葬送に当たっては「悲田・六波羅蜜病者・乞者等」に米・魚類・海藻《かいそう》等を給わるなどの事実が頻出《ひんしゅつ》しはじめる（『小右記』）。これはすでに国家の手で悲田院を保持することが困難となり、病者・孤子自身、自らの力で乞食をし、こうした貴族の施行によって生活をしなくてはならなくなってきたことを、明らかに物語っているといえよう。

それとともに、こうした病者・孤子の動きが、悲田院のみにとどまらず、六波羅蜜寺坂下の者のように、乞者《こつじき》＝乞食《こじき》そのものと重なりつつあることに注目すべきで、長元《ちょうげん》四年（一〇三一）三月十八日には「清水坂下之者」への塩の施行、同八月十三日、熟瓜一駄《だ》の悲田院への給与につづいて、二十八日、「悲田《ひでん》并《ならびに》鴨河堤《かもがわづつみ》病者・窮者等」「革堂《こうどう》盲者」への施行、さらに九月十三日、「悲田并堤乞者」に対する施行などの事実を見出しうるのである（『小右記』）。

坂・堤・河原がこうした人々の根拠だったのであるが、とすれば、長和《ちょうわ》五年（一〇一六）正月二日、斃牛の皮を剝ぎ、腹綿の中から黒玉《くろだま》—牛黄《ごおう》を取り出したという河原人（『左経《さけい》記《き》』）を、この人々に重ねて考えることは十分に可能であろう。そして長元四年八月二十七日、祇園四至内、鴨河東に死人を置き、九月二十六日、感神院司《かんじんいんし》に捕護された葬送法師が

（『小右記』）、また同じ集団に属したと見ることも、決して無理ではない。

一方、獄舎の場合も悲田院と同様の経過を推測することができる。古代国家の機構のなかで保持されていた獄舎の囚人も、また悲田院の病者たちとほぼ同じ運命を辿《たど》ったのではなかろうか。東西の獄舎に対する施行の事実を確認しうるのは、かなり降《くだ》って、文治《ぶんじ》五年（一一八九）のことであるが（『愚昧記《ぐまいき》』）、これはさらに相当遡《さかのぼ》りうる可能性があり、またすでに十一世紀初頭には、検非違使《けびいし》庁に属し、看督長《かどのおさ》に統轄される放免《ほうめん》・著鈦《ちゃくだ》を見出しうることにも注目しなくてはならない。

刑吏としてのこの放免等の職能を、「清水坂下之《きよみずざかしたの》者《もの》」の流れを汲《く》む犬神《いぬじ》人《にん》の後年の活動とつなげてみるならば、獄舎の囚人、放免がさきの病者・乞食などと同一の集団に属するようになっていくことを自然に理解できるのではなかろうか。さらに天徳《てんとく》三年（九五九）、囚人を召して池井を掃除《そうじ》させた事実のあることも見逃し難い（『九暦《きゅうれき》』）。そして長和四年（一〇一五）、使庁《しちょう》の官人が北辺大路の汚穢《おわい》、死体の掃除を命じられたとき（『小右記』）、その作業に当たった人々を、これらの囚人・乞者などと推測することもできよう。[38] 獄舎はもとより、悲田院・河原の人々はいずれも使庁の管轄下にあったと思われるからである。

このように、根本的には「清目《きよめ》」を職能とする職能民集団が、使庁の管掌下、十一世紀半ばごろの京都でしだいに形成されつつあったが、その過程で、一方には横井・大山などの指摘する都市を中心とした「穢」の観念の肥大化の及ぼした作用を考慮する必要があるとともに、他方、市聖・皮聖・盲聖などといわれ、自らこうした集団のなかに身を投じた宗教者——聖・上人が大きな役割を果たしていたことも見落としてはなるまい。貴族たちの施行の盛行などは、その影響の下に導き出されてきた行為であろうし、「非人」という言葉もこの人たちの側から出てきたのではなかろうか。

十一世紀半ばをすぎたころ、非人たちはすでに長吏に率いられる集団となっていた。天喜《てんき》三年（一〇五五）十月九日、伊賀守《いがのかみ》小野守経は、国司の使者を乱射した黒田杣人《そまびと》の濫行《らんぎょう》を糺《きゅう》弾《だん》し、使庁の使の苛酷《かこく》さを歎きつつ「狼戻狭小亡国之上、為非人之長吏歟」といっているのである（『東大寺文書』四—八）。

しかしこのような発言や、病者・乞者などという表現から、中世の非人を、施しをうけ恵みを乞うて生活する、打ちひしがれた人々と考えることは、やはり、大きな誤りであろう。強盗をしようとする放免、豪壮な邸宅を持つ乞食、山道に女を襲う乞匃《こつがい》等々、『今昔物語集』に現われる非人たちの姿を想起してみなくてはならぬ。もとよりそのなかには、無縁の、病を負った貧苦の中にある人々のいたことはいうまでもないが、全体として見ると、非人の集団は自力で生き、「無縁」の僧をあたたかく迎えるとともに、ときに「猛悪」といわれるほどの強烈な生命力を持つ自立した集団だったことを、われわれは確認しておく必要がある。

そして大治《たいじ》四年（一一二九）、白河《しらかわ》法皇の葬礼に当たって乱入した乞者（『中右記《ちゅうゆうき》』）、保元《ほうげん》三年（一一五八）、中山忠親の亡母の仏事に当たり、講演中に現われて施米《せまい》を乞うた清水坂非人（『山槐記《さんかいき》』）などの動きを見れば、十二世紀には、施行をうけ、葬送・乞食を「職能」の一つとする非人集団が確立していたことは間違いないといってよかろう。

三　鎌倉時代の非人

これまで、主として京都を中心に考えてきたが、奈良―大和をはじめ、河内《かわち》・和泉《いずみ》・摂津《せっつ》等、畿内および周辺の諸国にも、鎌倉期に入るまでに、同様な職能を持つ集団が成立し、宿に本拠を置くこれらの非人が、鎌倉前期、奈良坂―北山宿と、清水坂を中心に、広く本宿・末宿の関係を結んでいたことはすでに明らかにされている(39)。また各宿々の非人が、本寺の寺僧の資格を持ち、ときに「容儀優美法師」などともいわれ、多くは世襲だったと思われる長吏に統率され、﨟次《ろうじ》を持ち、老衆・若衆の階層に分かれた座と全く同じ組織をなしていたことも間違いない事実といってよかろう。そして非人たちは相互に血縁・姻戚《いんせき》の関係で結ばれ、自ら武装し、戦うときもあっただけでなく、大山の指摘の通り、その集団内部の成員について は、自ら裁判権を行使する自立的な集団だったのである。また非人たちは「法師原」などといわれ、みな僧形《そうぎょう》であり、播磨《はりま》法師・河内法師・因幡《いなば》法師などのように国名を名乗る人が多いが、この名乗りは非人集団内部での地位と、なんらかの関わりがあるものと思われ

る。(40)

その宗教的な職能は葬送―死体処理、仏事・供養のさいの施行の受領、癩《らい》病者などの預り、乞食などであった。こうした活動の場が所々の乞庭であり、清水坂に統轄される京都の非人が上下町中を乞庭としていたように、非人たちは国ごとに乞庭の権利を保証されていたと考えられる。(41)

京都の場合、その権利を保証していたのは使庁と見て間違いないと思うが、注目すべきは、大和国の奈良坂非人が興福寺・春日社に結びついて「清目《きよめ》」の「重役」を職掌《しょくしょう》としていたように、清水坂非人の場合も、少なくともその一部が感神院の犬神人《いぬじにん》を兼帯し、社頭警固・掃除、御幸供奉《ぎょうこうぐぶ》など祭礼以下の神事への参加を職掌としており、さらに山門西塔釈迦堂寄人《よりうど》ともなっていたことである。大山は犬神人の起源を延久に遡る説に懐疑的で、鎌倉前期の成立としたが、(42) 嘉元《かげん》二年（一三〇四）にもこれらの人々が清水坂非人として現われることを考えれば、もとより「延喜御門《えんぎのみかど》」以来という室町期の伝承は信じ難いとしても、(43) 延久《えんきゅう》年間に社恩として河原の地を充行《あておこな》われたという南北朝初期の所伝は、かなり確度が高いものと、私は考えている。

そして犬神人となってからも、清水坂非人は乞庭の保証などを通じて、依然、使庁の支配下に置かれる一面を持っていたと思われる。これは鎌倉末期、東寺に寄進された散所法師＝散所非人に即して、すでに周知のことであり、大和の非人についても、その検断《けんだん》にさいしての動員は興福寺の大和国守護権の発動であったといわれている点(44)から見て、決して不自然なことではない。別の機会にしばしばふれたように、これは各種の非農業民が供御人《くごにん》として官司―天皇の支配権の下にありながら、他の社寺の神人《じにん》・寄人《よりうど》となっていったのと、全く同じことといわなくてはならない。

いま大和の非人についてふれたように、犬神人・散所法師など、非人が一般的に住宅破却などの検断に当たって動員され、刑吏としての職能――社会的な穢《けが》れのキヨメ(45)――も持っていたことはすでに明らかにされているが、室町期の非人に見られるような、板上利などの細工、斃牛斃馬《へいぎゅうへいば》の処理、塩売、声聞師等々、その生活を支える諸種の活動については、『天狗《てんぐ》草紙《ぞうし》』に見られる「穢多童《えたわらわ》」のほか、いまのところ鎌倉時代の状況は明らかにし難い(補注1)。しかしこれらの非人の生業《なりわい》は、当然、その淵源を鎌倉期、さらには平安末期まで遡って考えなくてはなるまい。

また室町期に「諸国関々橋賃《しょこくせきせきはしちん》・船賃《ふなちん》以下《いげ》 悉《ことごとく》不致其沙汰《そのさたをいたさず》」「東国は駒蹄至まて、西国者波路之末、千嶋百嶋まて」煩《わずら》いなく自由に通行したといわれる清水坂の「八十八ケ所末宿中」の特権の起源も、もとより「延喜《えんぎ》天暦之御《てんりゃくのみ》門《かど》」よりというのは事実でないとしても(46)、鎌倉・平安末期において見ることは決して無理な推測ではない、と私は考える。京都の非人が使庁によって管掌され、諸国の非人もまた、究極的には天皇の支配権の下に置かれていた事実は、この推測を十分支えるに足るといってよかろう。

とはいえ、鎌倉期の非人のこうした諸側面について、われわれが知り難いのは、現在知れている非人の史料の圧倒的部分が西大寺《さいだいじ》流《りゅう》の律僧《りつそう》、叡尊《えいぞん》・忍性《にんしょう》らの活動に関連して伝来しているからにほかならない。(47)しかしこの事実そのものが物語っているように、宿々を経廻《へめぐ》って殺生《せっしょう》禁断をすすめ、非人たちに授戒《じゅかい》し、文殊《もんじゅ》菩薩《ぼさつ》の図絵を安置して供養《くよう》を行い、非人の救済につとめる一方、長吏たちから起請文《きしょうもん》を出させてその狼藉《ろうぜき》をおさえた叡尊・忍性の活動が、非人集団のいっそうの組織化、その内部統制の強化に果たした役割は絶大といわなくてはならない。叡尊が畿内を中心に動いたのに対し、忍性は鎌倉に大仏・浜の悲田院をつくるとともに、極楽寺坂を中心に、はじめて非人集団を組織化したのである。(48)

嘉元《かげん》二年（一三〇四）の後深草《ごふかくさ》院葬送に当たっての非人施行が、北京律の中心である泉涌《せんにゅう》寺の覚一上人《かくいちしょうにん》を介して行われた事実（『後深草院崩御記《ごふかくさいんほうぎょき》』）が物語っているように、これ以後の施行は西大寺流律僧を通じてなされたのではないかと思われる。(49)さきの天皇の支配権、本寺の統制とはまた別に、非人の宗教的な職能がこの面からも統制され、律僧の勧進《かんじん》による土木工事など(50)への動員の道がひらかれていた点にも注目しておかなければならない。

鎌倉期の非人の実態は、ほぼ以上のように考えられるが、ではこの集団は中世の身分制のなかにどのように位置づけるべきであろうか。

たしかに非人集団は、平民の共同体から否応《いやおう》なしに、また自らの意志で離脱した人々によって構成されている。渡辺が、これを社会外の社会とし、黒田が身分外の身分と規定した理由はそこにあり、この規定が非人集団の重要な特徴をとらえていることは認めなくてはならない。

とはいえ非人集団は、それ自体、基本的には「清目《きよめ》」を職能とする座的構成を持つ「共同体」を形成しており、その存在形態が、自立的な集団をなし、究極的には天皇の支配権に基づく課役・交通税免除の特権を保証されつつ、寺社等の権門《けんもん》に「芸能」を通じて奉仕する一般の「職人」と全く同様であることも、また事実である。この意味で、非人は「清目」を「芸能」とする「職人」身分といわなくてはならないので、決して実体的に身分外の身分であったわけではない。

大山はこれを供御人《くごにん》・寄人《よりうど》と同じととらえており、その点は全く同感であるが、一方で大山自身の身分制論の立場から、そのすべてを凡下《ぼんげ》・百姓の特殊形態と規定する。しかし私は、年貢《ねんぐ》・公事《くじ》負担の義務を持つ百姓―平民と、課役を免除された「職人」とは基本的に区別すべき身分と考えるので、この見解には従えない。

また黒田の見解の根底には、寛元《かんげん》の奈良坂非人の申状《もうしじょう》の真正度に対する懐疑があるように思われるが、(51)文書自体としてとくに疑うべきところがないだけでなく、室町期に坂公文所《くもんじょ》の発した文書が、花押《かおう》を持ち国名を名乗る法師たち自身によって書かれていることを考えれ(52)ば、鎌倉期の非人の長吏に堂々たる訴状を書く能力があったと見ても決して不自然ではない、と私は考える。

さらに「非人は基本的には公私をとわず人格的隷属関係をもたない」という黒田の見解に対し、寺社権門《じしやけんもん》の家産的支配を強調する三浦の見方が対立しているが、前述したように非人の実態を考えるならば、この両者は矛盾なく統一しうる。天皇支配権の下で課役免除の特権を保証された非人は、もとより下人・所従＝不自由民とは異質であるが、同時にそのまま寺社権門と奉仕の関係を結んでいる点から、それを権門の家産的支配に組み込まれたと見ることもできるのである。これをどちらか一方のみの見解で割り切ることは、非人の一面を見てすべてを律する誤りに陥るといわなければならない。

同時に、非人が河原の田畠《でんぱく》を社恩として充行《あておこな》われたという例や、散所《さんじよ》非人と見られる人が南北朝期に土地を耕作している事実(53)などから見て、非人が基本的生産手段、土地の支配体系から原則的に排除されていた、という黒田の見解も成り立たないと思われる。たしかに非人は課役を免除されており、給免田《きゆうめんでん》は年貢・公事を賦課《ふか》されないが、それは「職人」のすべてに通ずる特徴で、むしろこのことは、非人が中世社会の体制、土地制度の上で「職人」の一種として扱われていたことを証明しているといえよう。

とはいえ、非人はやはり「職人」のなかでも特異な存在であった。この「職人」集団が平民の共同体から離脱した人々によって構成される点に特徴を持っていたことは、一般の「職人」と「平民」との間の場合より、多少とも鋭い矛盾を内在させることとなったであろう。さらに「穢」の観念に深く浸透された貴族などの世界から、穢に直接ふれる人々として忌避《きひ》される傾向が、時代が降るとともに強まっていったのも事実である。

しかし「穢《けがれ》」を「清目《きよめ》」ることは、非人自身にとってみれば「重役」そのものであり、彼等はまさしく「聖」なる「芸能」に携わる「職掌人」「重色人」であった。そして実際、そうした見方は中世前期においては、社会的に認められていたといってよかろう。

この時期の社会は、革造も傀儡子《くぐつ》も宋人も、鍛冶《かじ》・番匠《ばんじょう》や荘官《しょうかん》などと同じく、給免田《きゅうめんでん》を与えられた「職人」として扱う、開かれた性格を保っていたのであり、非人にもまたその体制内に、それと基本的に同じ位置づけを与えていたのである。この意味で、鎌倉時代には非人に対する体制的な賤視・差別は決して出現していない、と私は考えている。

四　中世後期の問題に関連して

鎌倉末・南北朝期、非人集団の内部に、職能の分化が進行し、異なる職能を持つ人々の間に対立、矛盾がおこってくる。横行と非人の闘争、犬神人と河原者《かわらもの》の対立等々がそれを物語っており、室町期に入れば、広い意味での非人・乞食のなかに位置づけられながら、廟《びょう》聖《ひじり》、河原者（エムタ・細工）、声聞師《しょうもんじ》等々の集団への分化が確認できることは、山田の指摘した通りである(54)。

それとともに、宿者―北山宿によるこれらのそれぞれの集団に対する支配統制、坂者―清水坂非人＝犬神人による長棟非人、西岡宿の塩売に対する統制の強化も目立ち(55)、非人集団内部の矛盾が激化しはじめる。当然、集団の統制組織も形を整えてくるので、室町期の清水坂の坂者は「惣衆」をなし、「坂公文所《くもんじょ》」といわれる支配機関を持ち、沙汰人《さたにん》・公文などの職にあり、国名を名乗る法師たちが、活発に文書を発給、洛中の寺々に対して三昧輿を免除し、京都の葬送を一手に統制していたものと思われる(56)。

これらはすべて、中世前期の非人組織の拡大・分化の過程にほかならない。内部統制の強化の反面、この座的組織の自治的な性格もいよいよ明確になってきたのであるが、一方、穢忌避の観念が社会全体にいっそう浸透するとともに、非人全体、あるいはそのなかの分化した職能集団の一部に対する賤視、差別もますます強まってきたことを、見逃すわけにはいかない。近世の差別体制の前提が、そこに次第に用意されつつあるといわなくてはならないが、ここではそうした問題に立入る余裕はないので、このような過程を大和の非人に即して丹念《たんねん》に明らかにした山田洋子の論稿にふれて思いついたことを、二、三のべるにとどめておきたい。

いま非人集団自体の統制組織の整備についてふれたが、本寺による非人の統轄体制も、また南北朝・室町期には形を整えてくる。山田はこの点を追究し、中世前期の非守にかわって、室町期に入ると興福寺公人《くにん》のなかの仕丁《しちょう》で、トカメ・カサイテ＝戸上・膳手といわれた人が非人を直接統轄していた事実を明らかにした。山田もふれているように、祇園社の犬神人の場合も、公人のなかの「寄方」を通じて催促がなされている点から見て、この形は非人を統轄する寺社について、かなり一般的に見られるのではないかと思われるが、とくに注目すべきは、この仕丁—戸上・膳手が神輿動座の進発や祭礼のさい、赤狩衣《かりぎぬ》を着し、白杖を持って行列の先頭に立ったといわれている点である。

大山もふれているように「祇園会を先導する犬神人のなかにはつねに白頭巾《しろずきん》に赤い布袋の六人の棒の衆」がいた。そして『伴大納言絵詞《ばんだいなごんえことば》』に現われる検非違使《けびいし》の行列のなかにも、赤い衣《ころも》を着した看督長《かどのおさ》と見られる人を見出すことができるのである。

赤の衣・白頭巾・梅の杖・樫の棒。これらが穢気・悪気を払う呪術的意味を持ち、非人の職能と深い関わりのあることは確実であろう。とくに赤と河原者の関係については横井もふれているが、中世におけるこうしたさまざまな色の持つ意味については、これまでほとんど研究されていない。しかし可視的・具体的に身分の区別を表現したに違いない前近代の社会において、色・服装・さらには髪形などに大きな問題がひそんでいることは間違いないところで、山田の論稿はこの面にも光を当てた点で大きな収穫といわなくてはならない。

さらにもうひとつ興味深いことは、山田が五月五日の節句に使う菖蒲《しょうぶ》、七月七日の七夕に当たっての水葱を戸上・膳手が進上し、菖蒲池・水葱田はその管理下にあったと指摘している点である。水葱についてはひとまず置き、菖蒲もまたその強烈な香りによって邪気を払うものとされていた。そして朝廷において、戦国期、菖蒲田を管理しているのが衛士《えじ》であった[57]

ことを考えると、ここにもやはり穢を清める非人の職能との関わりを推測しないわけにはいかない。

そしてやや飛躍するが、私はこのことから、あの菖蒲薦を背に結びつけ、白布を頭に巻いた向飛礫《むかいつぶて》の輩《やから》、白河薬院田辺の印地《いんじ》の党(58)を直《ただ》ちに連想するのである。菖蒲の清々しい香、他を寄せつけぬ荒々しい飛礫《つぶて》、これらが一体となって邪気・悪気を払うとされたのだとすれば、単に臆測だけでなく、印地の党と非人の問題をつなげてとらえる間違いのない実証的な道が、ここにひらけてくる可能性もあるのではなかろうか。横井のいうように「装いの色や意匠」、さらには香りまでもとらえた豊かな歴史像は、このような問題を掘り下げていったとき、必ずや実を結ぶものと私は考えている。

五　むすび

江戸時代以降の被差別部落は、日本の歴史のなかに深い根を持っている。

その差別のひとつの淵源は、中世における「職人」身分と平民身分との間の差異に求められるであろう。これは差異ではあるが、滝川政次郎の「異民族起源説」はまさしくそこに根拠をおいて考えられるほどに、重大な差異であった。その意味で黒田がそこにカースト的な特質を見出そうとしたのは十分に根拠のある重大な指摘で、「職」そのものの問題を含め、この側面はさらに今後追究されなくてはならない。

　非農業民と農業民、漂泊と定住の問題も、これと不可分の関係を持っているのであるが、しかし日本の中世前期までの社会が、滝川のように異民族をとりたてて強調することなく、宋人―唐人も、傀儡師《くぐつし》・遊女も、そして博奕打《ばくちう》ちも非人も、また「知識人」も、荘官《しょうかん》や鍛《か》冶《じ》・番匠《ばんじょう》などの手工業者・商人とともに、「職人」身分として、なんらの区別なくうけいれる一面を持つ、開放的な世界であったことを、われわれは銘記しておかなくてはならない。滝川のこの分野に対する深い関心、そこに生み出された研究成果には敬意を払うが、その主張自体は近世以降の社会の固定化した通念をもって、中世前期までの社会を理解しようとするところから生まれた明白な誤りにほかならない。

　それとともに、差別のもうひとつの太い根が、すでに指摘されているように、穢《けがれ》の観念の社会内部への深い浸透にあったことは疑いない。中世後期以降、そうした観念に基づく賤視が強まり、社会が「職人」の一部を閉鎖的・固定的に差別する傾向が現われてくるが、これは日本の農耕社会としての成熟、それを基礎とした農村と都市、さらには漁村・山村の分化の進行に伴う事態と、いまも私は考えている[補注2]。しかし社会の「穢気」「邪気」を払ってその「千秋《せんず》万歳《まんざい》」を祈りつづけ[59]、築庭をはじめ多くのすぐれた芸能を創造するとともに、われわれの日常生活に欠くことのできぬ暦を売り、履物《はきもの》などの日用品を生産し、さらに骨となり墓場に行く道を用意してくれた人々に対するいわれなき差別は、いまも決して根絶されたとはいい難い。この人々が日本人の社会・文化・生活を豊かにする上で果たした大きな役割を明らかにするとともに、こうした差別の根を歴史的に細かく深く研究・解明することは、われわれに課された重大な責任といわなければならない。

注

（1）『古代国家の解体』東京大学出版会、一九五七年、「Ⅳ古代国家の余影」

（2）『日本封建都市研究』東京大学出版会、一九五七年、第一編第七、『日本封建制下の都市と社会』三一書房、一九六〇年、第六。

（3）柳原書店。各冊に付された解説は林屋の執筆で、それ自体、古代・中世の「賤民史」となっている。

（4）『未解放部落の史的研究』吉川弘文館、一九六三年、第二章、とくに第三。

（5）『中世民衆の生活文化』東京大学出版会、一九七五年、Ⅲ第七。

（6）『荘園制社会』日本評論社、一九六七年、九七頁。

（7）『日本中世商業発達史の研究』御茶の水書房、一九六九年、第二章第二節。

（8）「散所――その後の考説」『中世の権力と民衆』創元社、一九六〇年。

（9）〈散所の成立をめぐって――林屋辰三郎氏の反批判にこたえる――〉「日本史研究」一一三号、一九七〇年。

（10）〈散所発生の歴史的意義〉「日本歴史」二六八号、一九七〇年、〈散所の形成過程について〉「日本史研究」一二二号、一九七一年。

（11）〈中世随身の存在形態――随身家下毛野氏を中心として――〉「ヒストリア」六七号、一九七五年。

(12)〈中世前期の「散所」と給免田——召次・雑色・駕輿丁を中心に——〉「史林」五九巻一号。(『日本中世の非農業民と天皇』岩波書店、一九八四年所収)
(13)〈鎌倉幕府御家人の一視点——散所御家人を通して——〉「大阪教育大学歴史研究」一六号。(『日本中世の身分と社会』塙書房、一九九三年所収)
(14)こうした語義の変化は、江戸時代、坑夫や身分の低い職人を意味した「ゲザイ」という言葉が、中世前期には「外才」「外財」などと表記され、なんら卑賤視とは関わりなく、道々の輩・芸能・職人などに関連して使用されている事実にもうかがうことができる。また「清目」という言葉も、「壬生文書」年未詳五月十六日、主殿少允伴守時書状に、主殿官人の職掌として「御湯殿長日音奏幷毎日不闕期清目役」とあることからも明らかなように、とくに賤視と結びついていたわけではない。近世以後の語意をそのまま中世前期にまで遡って考えることは、大きな誤りを招く場合がある点に注意しなければならぬ。
(15)『部落史の研究』前近代篇、部落問題研究所、一九七八年。
(16)「民族と歴史」二巻一号　特殊部落研究号および同四巻四号等。
(17)注(4)著書、第二章第二。
(18)注(5)著書、Ⅲ第七。
(19)同右、Ⅲ第八。
(20)『日本中世の国家と宗教』岩波書店、一九七五年、第二部X。
(21)同右、付論。
(22)「中世の身分制と国家」、岩波講座『日本歴史』中世4、一九七六年。

(23)〈奈良坂・清水坂両宿非人抗争雑考〉「日本史研究」一六九号、一九七六年。
(24)『日本中世社会構造の研究』岩波書店、一九七三年、第Ⅰ部第八。
(25)「中世社会の展開と被差別身分制」注(15)前掲書所収。
(26)〈惣村の起源とその役割〉「史林」五〇巻二・三号、一九六七年。
(27)〈中世後期の散所について〉「立命館文學」三七七・三七八号、一九七六年、「中世後期における賤民の存在形態」注(15)前掲書所収。
(28)注(12)網野善彦〈非人に関する一史料〉「年報中世史研究」創刊号(本章付論一)、網野善彦『中世東寺と東寺領荘園』東京大学出版会、一九七八年、第七章第二節。
(29)『未解放部落の形成と展開』吉川弘文館、一九七七年。
(30)『未解放部落の起源』神戸学術出版、一九七三年。
(31)『被差別部落起源論』木鐸社、一九七五年。
(32)『中世賤民と雑芸能の研究』雄山閣、一九七四年、『河原巻物』法政大学出版会、一九七八年。
(33)『被差別部落と天皇制』三一書房、一九七七年。
(34)〈叡尊・忍性の慈善救済〉「論究」一一号、一九七九年。
(35)〈中世大和の非人についての考察〉「年報中世史研究」四号、一九七九年。
(36)〈前近代部落史の研究情況と課題　2中世の身分制をめぐって〉「部落問題研究」五九号、鼎談〈中世における日本と西欧の権力と賤民の構造をめぐって〉「東京部落解放研究」一八号。
(37)「後深草院崩御記」『公衡公記』第四。散在と散所が同義でないことを示しているこの史料については注(28)前掲拙著参照。

(38) ただこのころの京中の掃除がすべてこうした人々によって行われたわけではない。「京條人夫」などのような住民の夫役によって行われる場合もあった。
(39) 注(4)前掲渡辺の著書および注(23)に前掲大山論稿に、この辺の事情は詳細である。
(40) 前掲拙著、第Ⅱ部第五章第一節注(107)で東寺内の公文級の僧侶についてふれた通り、「国名」を名のることはひとつの資格であり称号であった。
(41) 大山注(22)・(23)前掲論稿参照。
(42) 注(22)論稿。
(43) 網野善彦〈非人と塩売〉「年報中世史研究」四号(本章付論二)で紹介した、「北風文書」「八坂神社文書」参照。
(44) 山田洋子注(35)前掲論稿。
(45) 阿部謹也『刑吏の社会史』中公新書、一九八九年。
(46) 注(43)前掲の文書参照。
(47) これらの史料は、奈良国立文化財研究所監修『西大寺叡尊伝記集成』(一九七七年、法蔵館復刊)に集められているほか、「金沢文庫古文書」等に散見しうる。
(48) 『関東往還記』弘長二年五月一日条。これ以前、実朝が建保元年に南京十五大寺で非人の施行を行い、承久三年正月二十七日にその三回忌に当たって鎌倉の法華堂で乞食に施行しているが、まだ非人の集団が形成されているとは思われない。細川涼一が注(34)前掲の論稿で指摘したように、武家社会の中にこうした組織を導入したのはやはり忍性であろう。また細川の注目した保奉行人とキヨメ、極楽寺との関係は、使庁と非人、泉涌寺との関係と対比することが可能であり、興味深い事実である。

(49) 悲田院は平安後期までに西悲田院が廃絶し、おそくとも嘉元二年以前、おそらく鎌倉前期に安居院悲田院が建立された。大和国畔荘、但馬国善住寺、備後国長和荘等が悲田院領とされて、その経済はこの面からも維持されていた。おそらくその院主職は泉涌寺長老が兼ねていたと見られるが、注目すべきは安居院悲田院領備後国長和荘内に、志田原重人〈備後国長井氏の動向〉(『草戸千軒』五〇号)の指摘するように、草戸千軒町遺跡が存在する事実である。律僧と流通経路の関係はここにも見出すことができるのではなかろうか(本書、第Ⅰ部第二章参照)。
(50) 三浦圭一〈鎌倉時代における開発と勧進〉「日本史研究」一九五号、一九七八年。
(51) 注(36)「部落問題研究」五九号、二六頁の黒田の発言参照。ここで黒田が私の主張は非人を私的隷属関係の下に置かれた人と見る見方、としているのは全くの誤解である。
(52) 例えば「東寺百合文書」ヱ八二号、文安二年八月九日、坂公文所免状。
(53) 同右、ヘ五八号、暦応三年十月日、山城国拝師荘前下司沽却田地注進状。
(54) 注(35)論稿。
(55) 注(43)拙稿紹介文書参照。
(56)「東寺百合文書」ヱ函・お函等に散見する坂惣衆・沙汰人・公文所等の発給文書参照(この点、馬田綾子氏の御教示による)。
(57)「京都御所東山御文庫記録」天文十七年十月十二日、衛士重光申状など参照。
(58) 網野善彦〈飛礫覚書〉「日本思想大系月報二八号」(『異形の王権』平凡社、一九八六年所収)。
(59) 大山前掲注(22)論稿および注(43)拙稿紹介文書等参照。
(補注1) この点についは、丹生谷哲一『日本中世の身分と社会』(前掲)で、立入った解明がなされており、本書第三章でも若干、言及した。

（補注2）この転換期については、拙稿「日本列島とその周辺――『日本論』の現在」『岩波講座　日本通史』第一巻、一九九三年などであらためて言及してみた。

付論一　非人に関する一史料

寛元《かんげん》二年（一二四四）前後の、奈良坂非人と清水坂非人の相論については、これまでさまざまな論議の対象となっており、その史料としては、以下の（A）―（F）の文書群がとりあげられてきた[1]。

（A）『古事類苑』政治部六十七　佐藤家文書、寛元二年三月日、奈良坂非人陳状（前闕）

（B）「神宮文庫所蔵文書」寛元二年四月日、奈良坂非人陳状案（前闕）

（C）『春日神社文書』年月日未詳、奈良坂非人陳状案（前後闕）（「裁許自北宿言上寺家政所……（中略）……不便之由申之爾」）

（D）同右（「一、豆山宿違背奈良坂之處……（中略）……凡當代正直憲法狼藉禁罰」）

（E）同右（「彼非人等被追豆山宿畢……（中略）……有恩先報謝之事、雖禽獣知之、以此事」）

（F）同右（「其中放火・殺害・謀叛……（中略）……武家定天被□矯餝之御沙汰歟」）

ここに紹介するのは、この文書群と一連の関係をもつ断簡一紙である。

(G)「宮内庁書陵部所蔵文書」古文書雑纂、年月日未詳、奈良坂非人陳状案（前後闕）

「□清水執行刑部法橋由蒙仰候天、今者□□小濱宿尓
迯籠天候清水先長吏尓申候志加波、長吏大尓悦天、今生毛来世母此事尓候□□古曽難忘久奉思候
江、可還之由悦極太留事尓候江土母、清水坂尓波構城墎天、長吏不可入之由結構云々、我身者無勢
尓候、可然者、催大和国宿宿之勢天、有還住之御計者可然奈牟土依申、為令安堵、自奈良坂
催宿々之勢天、自北山之宿勧修寺越尓観音堂向之杜山尓罷入天候志事者、清水寺之寺中世間之
見知、事古太留事候、見奈良坂之勢候天、日之中尓落天付候志者、清水坂當時之二﨟法師之父
久奴嶋之河内法師也、又交夜天六人付候了、已上七人付天、今一人阿弥陀法師者、依為長吏之敵
人不付志天祇薗於号シ候天、籠居祇園林尓候シヲ、奈良坂之勢、延年寺之引地土申所尓五十日之
間敷居候天、重天事由ヲ令言上東室法印御房之刻、隠岐法皇尓令申宣旨御天、可令還着之由
蒙仰、為奈良坂之沙汰、仰清水坂先長吏令還着了、抑為還着先長吏五十日之間敷居天候志
時、清水坂之當長吏者為清水寺之寺僧天、清水寺尓候志加土母、父先長吏加為宿直、夜忍天来
候之其時、日来者佐留物候土波承天候志加土母、不對面候志尓、夜々来候」

この断簡は伴信友門下の国学者、谷森善臣の蒐集《しゅうしゅう》した文書、いわゆる「谷森本」のなか

にあり、紙背に、

「　　　　詠沙月忘夏和歌
　　　　　　　　　　　師長
あつさをは忘はてたる真砂地に
　ふけ行月のかけそさやけき」

と記されている。谷森本の蒐集の経緯が不明なので、伝来の経過も明らかにし難いが、この文書によって、さきの相論に関する若干《じゃっかん》の新たな事実を明らかにすることができる。すでに周知の（A）―（F）の文書群は、寛元以前におこったいくつかの事件を語っているが、それを年代順にまとめてみると、おおよそつぎのようになろう。

（一）
（1）清水坂先《きよみずざかさきのちょうり》長吏は、その「苛法の政」を糺弾《きゅうだん》する阿弥陀《あみだ》法師、久奴嶋の河内《かわち》法師、筑《ちく》前《ぜん》法師、山崎吉野法師、野田山の因幡《いなば》法師、丹波《たんば》国金木宿の筑後《ちくご》法師、堀河尻の大和《やまと》法師、文珠《もんじゅ》房等、「長官の下座」といわれる八人によって、清水坂を追い出され、命からがら、河尻の小浜宿に逃籠った（2）〔（C）、（A）〕。

(2) これらをたすけるべく、多くの人勢を具して上洛しようとした小浜宿長吏若狭法師、薦井宿長吏吉野法師は、淀津相模辻で山崎吉野法師と戦い、兵具を取られて、奈良坂に落ちた〔(C)〕。

(3) この二人と、薦井吉野法師の子土佐法師は、奈良坂の長吏の援助で、清水坂先長吏が小浜宿に生存していることを確かめ、若小法師原を具した越前法師に護衛されて小浜宿に帰った〔(B)〕。

(4) 小浜宿にいた清水坂先長吏は、越前法師に、清水坂へ還住したいという希望を語り、これを不便とした奈良坂側は、ときの寺務二条僧正、清水寺別当東室法印に働きかけ、先長吏の清水坂還住を実現してやった〔(B)、(A)〕。

(5) 先長吏が還住した結果、阿弥陀法師は祇園林を出て、近江国金山宿に籠り、城墎を構えて、近江国の宿々を従えようとしたが、奈良坂の勢に攻められて、失敗した〔(B)〕。

(二) (一)の事件で功のあった奈良坂の播磨法師は、清水坂先長吏によって追却された、吉野・伊賀・越前・淡路法師等四人を還住させようとして上洛したところ、清水坂側に禦がれて闘乱となり、先長吏を殺す結果になった〔(A)、(B)〕[3]。

(三) 清水坂当長吏は、真土宿長吏近江法師と同心し、仁治《にんじ》元年(一二四〇)三月二十一日、播磨法師の姉聟《あねむこ》といわれる淡路法師を殺害しようとした〔(A)、(F)〕。

（四）この二人は共謀して、奈良坂の末宿である真土宿を清水坂の末宿にしようとし、近江法師は金山宿を追出された聟の浄徳法師を保護するなど、奈良坂に敵対する態度を示しているが、弟の法仏法師は兄のこうした行動に強く反対した。そこで近江法師は清水坂当長吏を語らって、法仏を殺害せんと企て、偽って紀伊国山口宿に誘い出し、仁治二年（一二四一）七月九日、法仏は弟子大和法師とともに、山口宿で待ちうけた清水坂の討手甲斐・摂津法師によって殺害された〔（B）・（D）・（E）・（F）〕。

（五）清水坂側は、たまたま起こった火災を奈良坂側の所為として、（二）の事件をも含めて訴訟を起こした。これに対して、奈良坂側は寛元二年（一二四四）以後、何回か陳状を発し、放火は無実だと反論するとともに、（一）・（三）・（四）の問題をあげて、清水坂の忘恩と不法とを激しく糺弾した〔（A）―（F）〕。

以上は、すべて奈良坂側からの主張に基づいた整理であり、当然、偏ったものと見なくてはならないが、ここに紹介した（G）は、これらの諸事件のなかで、（一）の（4）・（5）の過程を詳しくのべたものである。清水坂先長吏の依頼に応じた奈良坂側が、大和国の宿々の人勢を動員して清水坂を威圧し、先長吏の還着を実現していった過程は、これによって具《つぶ》さに知ることができる。そして、ここに「隠岐《おき》法皇」―後鳥羽《ごとば》の「宣旨《せんじ》」とある点から、この事件が少なくとも承久《じょうきゅう》の乱《らん》以前におこったことを確認しうる。一方、この事件に関連して（A）・（B）に現われる二条僧正は、源雅通《みなもとのまさみち》の子雅縁であり、建久《けんきゅう》九年（一一九八）―

建永《けんえい》二年（一二〇七）、承元《じょうげん》二年（一二〇八）―建暦《けんりゃく》三年（一二一三）、建保《けんぽう》五年（一二一七）―同六年、承久二年（一二二〇）―貞応《じょうおう》二年（一二二三）の四回にわたって興福寺別当になっているので、(4)そのいずれかの時期だったことは間違いない。未考の東室法印を確定することができれば、その時期はさらに限定できよう。

また、前述のような諸事件の整理を通じて、（B）―（F）の前後闕の文書群は、おおよそ、（E）・（C）・（B）のグループと、（D）、（F）のグループに分けることができるように思われるが、(5)この（G）は（C）・（B）がのべている（一）の事件をより詳しくのべている点から見て、寛元二年四月の（B）よりものちに発せられた文書の一片と見てよいであろう。

さらに（G）によって、清水坂当長吏が先長吏の子息であり、清水寺の寺僧だった事実を新たに知りうるとともに、宿々の非人の集団が、藹次《ろうじ》を持ち、おそらくは老衆・若衆に分かれた座的な構成を持っていたことを、(6)よりいっそう明らかにすることができる。

そして、ここにのべたように、たえまなくくり返される奈良坂と清水坂の衝突は、おそらく、清水寺をめぐる興福寺と延暦寺との争いとも無関係ではなかろう。(7)いずれにしても、非人の集団を「権門《けんもん》体制＝荘園制社会の支配秩序の諸身分から原則としてはずれ」た、「身分外の身分」と規定する見方は、(8)事実を正確かつ多面的にとらえる道をふさいでしまうことになるものと、私は考える。しかし、こうした非人集団の特質、その争いと諸権門の関係に立ち入ることは別の機会を待つこととし、ここでは（G）の史料を紹介するにとどめ、今後の研究の進展を期待したい。

注

（1）喜田貞吉「大和に於ける唱門師の研究（中）」（『民族と歴史』四—一）が（A）を紹介したのにつづいて、大西源一「寛元二年奈良坂非人陳状」（『民族と歴史』四—三）で（B）が紹介され、喜田「寛元二年奈良坂清水坂両所非人の訴訟に就いて」（『民族と歴史』四—四）は、これに概略の解説を加えている。（C）—（F）は『春日神社文書』第二の刊行によって紹介され、戦後、部落問題研究所編『部落史に関する綜合的研究』史料第四に、（A）—（F）のすべてが収載された。また最近、竹内理三編『鎌倉遺文』古文書編第九巻にも収録されており、その「月報」で、竹内が「大和奈良坂非人と京都清水坂非人」と題し、興味深い解説をほどこしている。これよりさき、渡辺広は『未解放部落の史的研究』（吉川弘文館、一九七〇年）の第二章第一「夙のもの」、第二「非人宿について」でこれらの文書をとりあげ、『大日本史料』第五編之十八、及び『部落史に関する綜合的研究』の綱文が、喜田にならって東大寺領奈良坂非人とした誤りを、興福寺奈良坂宿と訂正したのをはじめ、宿の所在地を詳しく考証し、非人集団の特質に言及している。また盛田嘉徳『中世賤民と雑芸能の研究』（雄山閣、一九七四年）第四章「長吏法師考」もこの史料に関説しており、部分的にふれたものはこの他にも多く見られる。

ただ、渡辺が（C）—（F）の「真立宿」を「真土宿」と訂正したように、これらの文書群は『鎌倉遺文』にいたるまで、かなりの誤読を含んだまま紹介されており、今後の訂正を必要としている点、注意しておかなくてはならない。かくいう筆者自身、拙著『蒙古襲来』（小学館、一九七四年）一一〇―一一一頁で「真立宿」と誤っており、この機会をかりて訂正しておきたい。なお、（A）の写の別本が、東大史料編纂所架蔵謄写本「江藤文書」にもあり、それによって（A）が初陣であることが判明する（石井進氏の御教示による）。

（2）この小浜宿は、その長吏が若狭法師といわれたことから、これまで若狭国小浜と誤解されてきたが、この経緯から見て、これは摂津国川辺郡小浜と考えるべきであろう。

（3）「皇帝紀抄」の元仁元年（一二二四）三月二十五日の「奈良坂非人発向清水寺坂、彼坂非人与合戦、有損命云々珍事也」という記事を、竹内は前掲「月報」所載の解説で、あるいは誤りかとしているが、必ずしもそう考える必要はなかろう。これも確言はできないが、この（二）の事件と見ても不自然ではなかろう。なお、「興福寺別当次第」巻之三に、嘉禎四年（一二三八）四月廿一日、清水寺法師の狼藉によって、清水寺別当定玄が解官停任されていることも、これらの事件のなかにおいて考える必要があろう。

（4）「興福寺別当次第」（『続々群書類従』第二）巻之三。

（5）（C）と（B）は内容から見て接続する可能性が大きく、（E）も、（B）の末尾にある法仏法師の殺害、真土宿押領の罪科に関連するものとして、（C）・（B）に結びつけることができよう。また（D）と（F）は、内容上からの連続が考えられ、（F）と（B）には若干の重複があるかに見えるので、今後なお検討の余地は十分あるが、一応の試案として、このように考えておきたい。

（6）「二臈」という語が（E）・（C）に見え、「若小法師原」という言葉が（D）・（B）などに現われること、また「長吏之下座」ともいわれている点に注目する必要がある。さらに久奴嶋の河内法師の子が清水坂の二﨟法師の聟、清水坂の土佐法師が薦井宿長吏吉野法師の子息、この吉野法師が清水坂先長吏の合聟等々、非人たちが相互に血縁・姻戚の関係で深く結ばれていたと見られることも合わせ、注意しておかなくてはならない。

(7)『明月記』によると、建保元年(一二一三)八月三日、清水寺法師が、山門末寺清閑寺領内に一堂を建立したことから、山僧が清水寺を焼こうとして闘乱が起こっているが、十一月廿一日になると、今度は清水寺法師二十人が登山して、清水寺を天台末寺としたいと望んだといわれ、廿四日にはその「寄文」を山門が納受、これに対して興福寺衆徒が発向するという大事件に発展していく。注目すべきは、この寄文が「乞食法師等謀書」といわれている点で、もしもこれが清水坂非人のことをさすとするならば、この事件と、(一)の事件とは、深く関係していると見なければなるまい。そうだとすれば、阿弥陀法師が近江に逃れているのも、おそらくは偶然のことではなかろう。

(8)黒田俊雄〈中世の身分制と卑賤観念〉「部落問題研究」第三十三輯。

付論二　非人と塩売

豊田武はその著書『中世日本商業史の研究』(岩波書店刊)のなかで、淀魚市に関連して、塩商売を営む西岡宿者にふれ、「八坂神社文書」(上、一二五三号)と「北風文書」(乾)に言及している。しかし、この二通の断簡は内容・文言から見て接続するものと思われるので、(1)とくに新たな史料ではないが、参考までにその全文を左に掲げる。

畏申上候

抑就商賣之事、淀魚市方与西岡宿人等子細一端申上候、当坂者事、山門西塔院轉法輪堂寄人、祇薗御社犬神人而、當初忝延喜御門以来、於一天下之内、先正月元三日より中御門にて、任恒例不変之儀、諸人集中、万蔵物賣賦砌ニ、万民これを買取、一年中の試と千穐万歳延齢壽命長遠之御祝言、最初世上無某(其)隠候哉、然間、今般題目者、普(譜)代百姓西岡宿者、年来塩賣買仕候處ニ、近年始而淀魚市之御方様公事を可被召由蒙仰候条、言語道断希代之御所行与驚歎之次第候、惣而諸国関々橋賃・船賃以下悉不致(○以下「北風文書」)其沙汰申候、如此之御扶持要脚をもて、毎度山王大師、別而祇園御社奉公諸役ニ令参勤仕申候、殊ニ彼宿者加様之致商賣、當坂鎮守大伽藍佛供灯明、同長棟非人湯粥等にも施行仕候、浅敷(間脱カ)者既望飢之間、當公方様へも以事次申上、初て可然御慈悲廣大之施行、普廣院殿御建立候て被下候長棟風呂等、早及大破候間、中上度折節、一道之人非人之事候、被聞召候者可畏入候、其上延喜・天暦之御門より至今、代々勅定大慈悲にて、毎事御免除候上者、無相違處明鏡至候歟、雖然彼魚市御方様ニ、坂者就商賣ニ、自往古公事可被召支證候者、依時儀佗事申由もあるへく候、所詮両方被召寄、乍恐　公方様而堅以湯起請文預御糺明候者、忝可畏入候、不限當國、八十八ケ所末宿者中には、或船にて東国は駒蹄至まで、西国者波路之末、千嶋百嶋まて無其煩候處ニ、当国限西岡百姓宿人ニ、堅固御違乱煩蒙仰候之条、且不便之次第候、且世間狭御意共候哉、殊以　飯尾様御事者、山門(○後闕)

『実隆公記《さねたかこうき》』永正七年四月八日条をはじめ、関連史料は豊田がその所在を指摘している。正月元三日の行事は、『八坂神社記録』(「社家記録」)、貞和《ていわ》六年正月一日条、正平《しょうへい》七年正月一日条に見える「富祝」に当たるのではなかろうか。(2) 将軍義政《よしまさ》が長棟風呂《ながむねぶろ》を建立したこと、坂者・宿者が「東国は駒蹄……、西国者波路之末……」まで交通税免除の特権を保証されていた点も注目すべきである。近世の『河原巻物』に見られる「延喜御門《えんぎのみかど》」の伝承はここまで遡りうるのであるが、同時にこの申状が自らを「譜代百姓」「百姓宿人」としつつ、「長棟非人」を「浅間敷者《あさましきもの》」「一道之人非人」といっている点に、鎌倉期の非人申状とのきわだった違いがあるといえよう。山田の指摘する通り、塩のキヨメの機能と宿者の塩売買とは関連あるに相違ない。とすると、山椒大夫《さんしょうだゆう》が塩を焼かせていたことも、また大きな意味を持ってくるといわなくてはなるまい。この文書は中世における塩と非人の関係を考えるためにも、手懸りを提供しているのである。

注

(1) 山田洋子〈中世大和の非人についての考察〉「年報中世史研究」四号。

(2) 江戸時代、犬神人が正月上旬に、良縁、富貴を求める懸想文を売ったことがこれに結びつくのではなかろうか。喜田貞吉著作集10『部落問題と社会史』平凡社、一九八二年、参照。

付論三　清目・河原人の給田

丹後《たんご》国諸荘郷保惣田数帳は、正応《しょうおう》元年（一二八八）八月に作成された帳簿の荘・郷・保をもとに、長禄《ちょうろく》三年（一四五九）五月三日、国富兵庫助が当時の知行者を記したものと考えられるが、(1)その与佐郡石河荘の項に「一町　鍛冶給御免」と並んで二段の「清目給」が見える。史籍集覧本はこれを「清司給」と誤写しているため、おそらくあまり人の目をひかなかったのであろうが、『京都府の地名』(2)は石河荘の項に引用した惣田数帳で、正確に「清目給」としており、すでに世に知られている事実といってよい。とはいえ、管見《かんけん》の限り、これにふれた指摘はまだないと思われるので、ここで一言しておきたい。

石河荘(3)は室町期「殿下渡領」―摂関家領であり、御料所として守護一色《いっしき》氏に預け置かれていたが、内部に国分寺領をはじめ、九世戸《くせのと》、慈観寺等、多くの寺院の免田《めんでん》を含んでおり、それらと鍛冶、清目の給田は並記されている。

丹後国には別に細工所保が同じ与佐郡のなかにあるが、そのなかには「職人」の給免田は記されておらず、田数帳全体のなかで、こうした「職人」の給田が見出されるのは石河荘のみである。

とすると、たしかに荘自体は摂関家領となっているとはいえ、これは本来、鎌倉期以来、国衙《こくが》、あるいは国分寺と関わりを持つ鍛冶、清目の給田と見てもよいのではないかと思われる。もしもこのような推定が認められるならば、われわれはここに、制度的には鍛冶などと全く同様に、国衙に給免田を保証された清目の存在を明確に確認しえたことになる。

伊予国で免田を与えられた傀儡《くぐつ》、革造などと同様、この清目を「職人」身分と見ることは決して無理な考えではなかろう。

それだけではない。「丹後国分寺建武再興記」(4)によって知られているように、嘉暦《かりゃく》・建武《けんむ》のころの国分寺は、叡尊《えいぞん》の法流につながる極楽寺《ごくらくじ》の円真房栄真の弟子、円源房宣基の勧進によって再興されており、まさしく西大寺《さいだいじ》流律宗《りゅうりつしゅう》の寺院となっていたのである。石河荘の清目が国分寺と関わりがあったとするさきの推測が当たっているとすれば、これは律宗・国分寺と清目――「非人」との深い結びつきを示す一例ともなりうると思われる。そしてそれは「山椒大夫」の厨子王が国分寺に駆け入り、「非人」となったこととももつながっていくのである。(5)

こうした後年の被差別民につながる人々の給田として、もう一例、注目すべきは、播磨《はりま》国大部荘に見出される「河原人給」である。

まず、建武四年(一三三七)の同荘内検目録(6)では、古作田の内から、五段弐拾五代《にじゅうご》の「河原人給」が差引かれており、暦応《りゃくおう》三年(一三四〇)の内検目録(7)でも同様であった。ただ、ここでは、「大社修理由」は別として、「河原人給」は損田《そんでん》、川成《かわなり》と同じ扱いになっており、得田《とくでん》から除かれる「仏神人給」とは別の形になっている。とはいえ、それが古作田から除かれている点、この給田の起源の古さを物語っているといえよう。また、やや降《くだ》って、貞治《じょうじ》三年（一三六四）十二月日の年貢散用状、《さんようじょう》(8)および応永《おうえい》九年（一四〇二）十一月日の領家方年貢散用状の(9)「吉富二十一町八段三十五代」の除田《じょでん》のなかに、八幡宮田、御佃と並んで「河原人給」が二段、見出されるのである。「河原人」の用例は古く遡り、『左経記《さけいき》』長和《ちょうわ》五年（一〇一六）正月二日条に、斃死した牛の皮を剝《は》ぎ、牛黄《ごおう》を取り出した「河原人等」が見られるが、おそらくこの大部荘の「河原人」も「河原細工丸」などとよばれた同様の職能民と見て誤りないのではなかろうか。とすれば、われわれはここに、こうした人々が荘園公領制の下で正式に給田を保証された「職人」身分であったとする事例を、もうひとつ得たことになる。そしてこのころ大部荘内の浄土寺に時衆のいたことを考え合わせると、(10)さらに一歩進めて、時衆と「河原人」との関係を考えることも、(11)可能になってくるのではないかと思われる。

このように、種々の御批判をいただいているとはいえ、私は「清目」「河原細工丸」等の人々、広義の「非人」が、荘園公領制の下での「職人」身分であり、なかには神人・供御人制の下で、神人・寄人として神仏の直属民となった人々も多かったとする見方を、依然として保持したいと考えており、さらにこの方向で追究したいと思っている。

なお、室町期の事例であるが、宝徳《ほうとく》元年（一四四九）九月日、東九条御領内田畠屋敷等注進状案[12]により、九条以南富小路東頬に清目等がおり、同北東頬に「一音院領清目等屋敷、其外少少諸給等」のあったことを知りうる。

この「諸給」のなかに清目の給分のあった可能性は十分考えられるので、もしもそうだとすれば、これも清目給の一事例となろう。

一方、文明《ぶんめい》十年（一四七八）七月日、密厳院知行分跡地子《じし》注文案[13]には、九条京極南頬分に夏冬両季の地子を負担する清目が六人いるが、この注文はその人々を「百姓等」といっている。これは他の職能民と同様、清目の場合も、給免田を保証され「職人」身分となった清目だけでなく、百姓の身分に位置づけられた人々が室町期にもなおいたことを示しており、それは下人身分の清目の存在を想定する道をひらくことにもなろう。[14]

清目・河原人が被差別民としての身分に確定されていくまでには、複雑な経緯のあったことを、この事実はよく物語っており、今後、こうした事例にまで目を広く配って、さらに事実に即した追究を進める必要があろう。

注

（1）『改定史籍集覧』第廿七冊、新加雑類に収められているが、誤写が多く、その原本と見られる文書は、成相寺に伝わっていたが、現在は国分寺に所蔵されている。

（2）日本歴史地名大系26、平凡社、一九八一年、中嶋利雄の執筆。

（3）注（2）石河荘の項、参照。

（4）惣田数帳と同じく、国分寺が所蔵している。
（5）序章、第一節参照。勝俣鎮夫〈「さんせう太夫」にみる中世世界〉「週刊朝日百科　日本の歴史6　中世から近世へ　楽市と駈込寺」朝日新聞社、一九八九年。
（6）『兵庫県史』史料編、中世五、東大寺文書―播磨国大部荘、一五七号。
（7）同右、一七二号。
（8）京都大学文学部博物館所蔵「狩野亨吉氏蒐集文書」（同右、二〇三号）。
（9）「東京大学文学部所蔵文書」（同右、二二一号）。
（10）正安四年七月日、東大寺衆徒等申状案（同右、八三号）。
（11）本書、第I部第三章。
（12）『九条家文書』四、九四〇号。
（13）同右、九五四号。
（14）拙稿「職人歌合研究をめぐる一、二の問題」新日本古典文学大系61『七十一番職人歌合、新撰狂歌集、古今夷曲集』岩波書店、一九九三年。なお「下人」とよばれた人々のなかに、多様な職能民のいたことについては、近世の事例であるが、関口博巨〈近世奥能登における『下人』の職能と生活――時国家の下人たち〉（「国史学」一五〇号、一九九三年）に詳述されている。

第二章　古代・中世の悲田院をめぐって

一

中世の非人と悲田院《ひでんいん》とが切り離し難い関係にあったことはすでに周知の通りであるが、悲田院そのものの実態については史料が僅少《きんしょう》かつ断片的なため、従来これを正面から取り上げた研究はほとんどなく、おのずと非人との関係についても不明な点が多かった。

しかし最近にいたって、久米幸夫の研究(1)につづいて、古代から中世にいたる医療制度、医療社会史について堅実な研究を積み重ねてきた新村拓が、史料の博捜の上に立って、施薬院《せやくいん》とともに古代・中世の悲田院を取り上げ、その状況を詳細に解明したことによって、ようやく本格的な研究に道がひらかれた。(2)それとともに、遅くとも中世後期には悲田院をその末寺とした泉涌《せんにゆう》寺《じ》について『泉涌寺史』が刊行され、(3)仏教史、寺院史の観点からもこれに照明が当てられはじめ、悲田院の研究の機運は熟してきたといってよい。(補注1)

ただ新村の場合、その関心が医療制度に向けられているため、悲田院に早くから見られたと推測される仏教的要素が必ずしも十分に考慮されているとはいい難く、非人との関係についてもほとんど言及されていない。(4) 逆に『泉涌寺史』の場合は、当然ながら末寺になるより前の悲田院については考察の外に置かれている。それ故、この両者を合わせ考えてみることによって、多少の新しい問題を提出することも不可能でないように思われた。この意味で、あくまでこの二つの労作に対する補足程度の意味しか持ちえないが、以下、気づいたことを二、三のべて、大方の参考に供しておきたいと思う。(5)

二

平安京の東西悲田院の位置について、新村は貞観《じょうがん》十三年（八七一）閏《うるう》八月二十八日の山《やま》城《しろ》国葛野《かどの》郡・紀伊《きい》郡の葬送地、放牧地を定めた太政官符《だいじょうかんふ》に見られる紀伊郡の四至に「北限京南大路西末弁悲田院南沼」(6)とある点から、当初、悲田院は九条南にあったとする一方、『続《しょく》日本後紀《にほんこうき》』承和《じょうわ》十二年（八四五）十一月十四日条に「鴨河《かもがわ》悲《ひ》田《でん》」とあることに着目、この時期に九条南の悲田院と区別された悲田院が鴨河西にあったとし、『西宮記《さいきゅうき》』の記事によりつつ、十世紀後半ごろ、九条南の悲田院が施薬院とともに東五条、鴨河西に移されたとしている。

しかし新村も注意している通り、『本朝世紀《ほんちょうせいき》』天慶《てんぎょう》五年（九四二）四月九日条に見られる、内給所の銭一〇〇貫文を召して「東西《とうざい》飢饉《ききん》疫疾《えきしつ》之輩《のやから》」に分給したときの記事によって、一条にあった獄所と対称的な京の南辺に東西悲田院があったことは明らかである。(7) とすれば、さきの「悲田院南沼」とあるのを西悲田院、「鴨河悲田」を東悲田院と見て、十世紀半ばまで、両者がともに存続していたとするのが自然ではなかろうか。新村は『西宮記』に「薬院別所」とある点を根拠に、施薬院とともに悲田院が東五条に移されたとするが、これは悲田院を施薬院にひきつけすぎた結果生じた誤りで、(8) 平安時代、東五条に悲田院が存在した事実はないのではなかろうか。平安後期、長寛《ちょうかん》三年（一一六五）以前に、九条南の東悲田院は廃絶、三条、鴨河西の河原近くに移建され（後述）、その位置は少なくとも南北朝期までは変わらなかったものと思われる。

十世紀初頭までの東西悲田院の機能が施薬院とともに孤子《こし》・病者の収養にあったことは周知の通りであるが、新村の指摘するように、薬園を持ち、諸国年料別貢雑薬の支給をうける施薬院の機能が病者の医療に重点があったのに対し、悲田院は孤子・窮人の収養を主たる業務としていた。寛平《かんぴょう》八年（八九六）閏正月十日の官符(9)によっても知られるように、路辺に捨てられた孤子は悲田院に送られたのである。

その職員として、院司《いんじ》・預《あずかり》・雑仕《ぞうし》に加えて、乳母《うば》・養母があった点に悲田院のこうした機能の特色がよく現われており、孤子たちはこれらの女性によってそこで養育された。注目すべきは承和《じょうわ》十二年に現われる悲田院の預が僧賢儀《けんぎ》であった点である。(10) これは官司に預の現われる早い例のひとつであり、玉井力が明らかにしたように、預の出現が官司請負の進行を示すとすれば、(11) 九世紀前半、すでに悲田院にはその徴候がはっきりと現われていたといわなくてはならない。新村はこれを「預」と区別された「預僧」と見ているが、むしろ預自体が僧侶だったとする方が自然であり、この点に悲田院の官司から寺院への転化の徴候が早くもうかがわれるといえよう。

たしかに悲田院は施薬院別所といわれ、さきの寛平八年の官符によって見ても、大蔵省、宮内省掃部《かもん》寮から給される綿・古弊幄・古弊畳などは、施薬院司が請納したのちに、悲田院司とともにこれらを三所（施薬院・東西悲田院）の病者・孤子に頒《わか》ち給することとなっている。またその運営費に充てられた封戸《ふこ》五〇戸を含めて、新村の指摘する通り、施薬院と同じく藤原氏に依存するところが大きかったことも十分考えられる。しかしその職員については、院司はともかく、少なくとも預は「他官司からの出向の官人」といい切れないのであり、十世紀初頭までは不可分の関係にあった施薬院と悲田院が、後年、別個の道を歩むようになる淵源は、すでに九世紀半ばに確認しうるといわなくてはならない。

さきに注意すべきは、このとき預であった僧賢儀の養うところの孤児、清継・清成・清人・清雄ら十八人に、「新生連」という姓が与えられ、清継を戸主とする戸が新たに左京九条三坊に貫せられている事実である。これは新村も注目しているように、天平勝宝《てんぴょうしょうほう》八年（七五六）十二月十六日、かねて収養していた「京中孤児」の成人せるもの、男九人、女一

人に葛木　連《かつらぎのむらじ》の姓を与え、紫微少忠《しびしょうちゅう》従五位上葛木連戸主の戸に編附して、親子とさせた前例[12]によると見てよかろう。

しかしなにより見逃してはならないのは、九世紀半ばまで、悲田院の孤児が成長したのちには、良民—平民として編戸《へんこ》されるのが原則だったことが、これらの事実によって明らかになってくる点である。中世の悲田院のあり方との差異がこの点にあることを、われわれははっきりと確認しておく必要があろう。

しかもここで孤児たちに与えられた姓が「新生連」であったということも、さまざまな意味で興味深いが、それ以上に目を引くのは、これらの孤児たちがみな「清」をその名前に付されている事実であろう。すでに大山喬平が注意しているように[13]、これよりさき、承和《じょうわ》九年十月十四日、左右京職《きょうしき》、東西悲田院に勅して、料物を給い、島田及び鴨河原に散乱する五千五百余頭の髑髏《どくろ》を焼斂せしめ、同二十三日には、義倉物《ぎそうぶつ》を悲田院に充てて、鴨河の髑髏を聚《あつ》め葬らしめている[14]。大山はこの事実を通して、京城からの死穢《しえ》の放逐、そのキヨメの構造を読みとり、葬地としての河原が京職《きょうしき》—悲田院の管轄下にあったことを指摘したが、この時点はまさしくその契機とはいえるとしても、そこまでの制度化はなお後年のこととしなくてはなるまい。とはいえ、こうしたキヨメ＝清目の作業に悲田院の孤児・窮人《きゅうにん》・病者たちが携わったという事実と、このとき孤児たちの名に共通して付された「清」の字とは、なにかの関係があるのではなかろうか。すでにこの直前、承和の変の「罪人」橘逸勢《たちばなのはやなり》の本姓を除き

「非人」の姓が与えられており、(15)同じ世紀の空海の漢詩にも、河田光夫の着目した通り「蝦夷《えみし》」を「非人」とする見方が現われているのである。(16)こうした空気が悲田院に収養された人々にも及び、自立して平民になってからも、天平勝宝のころとは異なり、その姓名によってこれを他から区別するようなことが行われたのではあるまいか。ただこの時期の区別は「新生」「清」の語からも明確なように、賤視とは逆の積極的な意味がこめられていた点にも注意しておかなくてはならないが、そこに差別への転化の徴候を読みとることも不可能ではなかろう。

たしかに、このような作業に悲田院の収養者たちが給付を与えられて従事しなくてはならなかったという事実そのものが、すでに悲田院に対する日常的な国家からの給付の不足、その国家による維持の困難を明白に物語っている。承和十年三月二十五日に、義倉物をもって東西悲田院の病者および貧窮者を賑給《しんごう》しているのも、(17)もとより同じ事態に対する対応にほかならない。そしてさきの寛平の官符はこのような状況に陥りつつある悲田院・施薬院の機能の維持を計り、看督近衛《かどのこのえ》による京中の巡検を通して、それをさらに徹底させようとする措置であった。また延長《えんちょう》八年（九三〇）の疫病流行に当たって、二月十四日、検非違使《けびいし》・左右京職に命じて、京中の道路に苦しむ病人・窮人を、施薬院・悲田院・曲殿《まがりどの》に安置し、大蔵省から古弊幔、掃部寮《かもんりょう》から古帖筵、廩院《りんいん》の米五石《こく》、大膳職《だいぜんしき》の塩二斗《と》を給したのも、(18)なおその延長線上の努力といえよう。

しかしこのような国家の給付によるこれらの機関の維持が、十世紀後半になればもはや全く困難になっていたことは推測して誤りのないところで、それとともに悲田院の運営も、またその収養者たちの生活も、次第に自らの力によって支えざるをえなくなっていった。天平《てんぴょう》宝字《ほうじ》八年（七六四）三月二十二日、平城京の東西市頭に多く群がったといわれる「乞丐者《こつがいしゃ》」の場合も同様で、平安京には貞観《じょうがん》九年以前に、木工寮《もくりょう》によって「乞索者」のための宿屋二宇が東西両京に建てられ、この年、左右京職《きょうしき》にこれを検校《けんぎょう》せしめることとしているが、(20)こうした施設もまた同じ運命を辿っていったと思われる。(19)

悲田院の預に僧侶がなった事実も、こうした事態の推移のなかにおいてとらえる必要があるが、さきのような葬送の作業も、またこの間に悲田院の孤児・窮人・病者、さらには「宿屋」の乞者たちの生活を支える重要な支柱のひとつとして、次第に固定化し、やがてそうした作業を含むキヨメは、こうした人々の「職能」となっていったのである。東西の獄舎とその四人についても同様の経緯を考えてよかろう。(21)そしてこのような動きのなかで、丹生谷哲一が詳細に跡づけた、天皇家、高位の貴族たちによる賑給《しんごう》、濫僧供《ろうそうぐ》が、当初は国家的な賑給と交錯しつつ、十世紀後半から十一世紀にかけて恒常的な行事になっていく。(22)

ただ、これによって悲田院、あるいは「乞索児」の「宿屋」、獄舎などが、国家的機関の統括から全く離れたわけではない。九世紀後半、「宿屋」が京職の管轄下にあったことは前述した通りであり、悲田院に対しても京職の関与が見られるようになっているが、十世紀に入ると、京職とともに検非違使《けびいし》が関わりはじめる。十世紀後半以降の施行、濫僧供に検非違使が大きな役割を果たしたことについては、丹生谷が明らかにしている通りで、おそらくその間に悲田院は施薬院から離れ、次第に検非違使の管轄下に入っていったものと思われる。そしてそうした悲田院の性格の変化に時期を画したのが、九条南の東西悲田院の廃絶、三条京極の東、鴨河の西の河原への悲田院の移建だったのではなかろうか。

三

悲田院が三条に存在したことを確認しうるのは、大分降って、新村もあげている『清獬眼《せいかいがん》鈔《しょう》』の長寛《ちょうかん》三年（一一六五）三月十一日の記事である。錦小路・富小路より起こった火事が北は押小路《おしこうじ》北辺、西は万里小路《までのこうじ》、東は六角南辺から堤にいたる大火となったとき、京極寺と悲田院が焼失しており、これによって悲田院の所在地を明確に知りうる。

これにつづいて、仁安《にんあん》三年（一一六八）二月十三日、悲田院は千手《せんじゅ》堂・京極寺とともに焼亡（『百錬抄《ひゃくれんしょう》』）、さらに建保《けんぽう》元年（一二一三）十月十五日の四条坊門西洞《せいとう》院から東北に燃え拡がった大火のさいも、六角堂・京極寺などとともに焼失している（『明月記《めいげつき》』）。このとき藤原定家《ふじわらのていか》が、姉小路北富小路西の行経《ゆきつね》家の焼亡につづいて「悲田院焼了」とし、ついで「出河原」と記している点から見て、悲田院は河原よりも西に建っていたと推定されるが、その位置が三条京極の近辺であったことは動かない。

ではその移建の時点はいつのころであろうか。『左経記《さけいき》』寛仁《かんにん》元年（一〇一七）七月二日条の「富小路以東、已如海《すでにうみのごとし》」といわれた鴨河の大氾濫のさい、「悲田病者三百余人」が洪水のため「流失」したといわれているが、新村の指摘するように、これ以後、悲田院収養者の人数の減少、施設の縮小が推測されること、施行の記事が記録に頻々《ひんぴん》と見出される点などから見て、九条南の東悲田院の廃絶、三条への移建をこのときに求めるのが最も蓋然性のある推定であろう。

そこで三条の地が選ばれた理由を考える上で注目すべきは、この近辺におそくとも貞観《じようがん》八年（八六六）には薬王寺があった点である。(23) この寺については十分明らかにしえていないが、『本朝世紀《ほんちようせいき》』正暦《しようりやく》五年（九九四）四月二十四日条に病人を薬王寺に収養させた事実が記されていることから見て、施薬院・悲田院と同様の機能を持つ寺院であったことは間違いない。長保《ちようほう》三年（一〇〇一）十月十八日、「施薬院伊与国去年料庸米捌拾肆斛返抄」が薬王寺僧延胤に与えられていることによって（『権記《ごんき》』同日条）、施薬院との密接な関係を知りうるが、治暦《ちりやく》二年（一〇六六）八月十三日の御祈願所年中相節帳(24)には「北政所《きたのまんどころ》御祈」として「薬王寺料卅六石《さんじゆうろつこく》　月別三石」とあり、天皇家・藤原氏との関わりも強かった。しかし一方、悲田院や獄舎への施行でよく知られている永観《えいかん》が、承徳《じょうとく》元年（一〇九七）、丈六弥《じょうろくみ》陀仏《だぶつ》像を造って薬王寺に安置、そこに温室を設けており（『拾遺往生《しゅういおうじょう》伝』巻上）、禅林寺の梅の木が永観による薬王寺の病人への施行によって「悲田梅」と名づけられたという周知の事実（『発心集《ほっしん》』）などを考えれば、[25] 院政期の薬王寺は悲田院に近い存在だったと見ることができる。新村が注意しているように、この寺は天養《てんよう》二年（一一四五）二月十一日に焼失、その後は再建されなかったものと思われるが、(補注2) このときの火事が、「三条京極辺炎上」といわれている点から（『台記《だいき》』）、薬王寺が悲田院と近接していたことを知りうるのである。

　このような特色を持つ薬王寺の存在が、悲田院の三条移建の機縁になったと推定することは、さほど無理とは思われないので、実際、九世紀にすでに萌《きざ》していた悲田院の仏教寺院的な性格も、これを契機として、十世紀末から十一世紀に入るころには、いっそう明確になってくる。万寿《まんじゅ》二年（一〇二五）八月十三日、天皇の赤斑瘡《あかもがさ》罹病に当たっての悲田院三十余人への施行のさい、使となった「堂頭（預カ）得命師」の「堂」が悲田院をさすならば、この時期の「頭」（預）も僧侶だったことになり（『小右記《しょうゆうき》』）、さきの永観をはじめ、遡って「悲田の病人に薬を与ふること十六度」（『今昔物語集』巻第十三・第九）といわれた理満《りまん》のような聖・上人の救済活動がさかんに行われていることも注目しておかなくてはならない。そして十一世紀の悲田院の病者たちは、丹生谷・新村も指摘しているように、六波羅蜜《ろくはらみつ》寺坂本や清水坂、あるいは鴨河堤《つつみ》の病者・乞者・窮者、さらに「革堂《こうどう》盲者」などと全く同じ取扱いをうけ、貴族たちの仏教思想に基づく施行の対象となっているのである。[26]

　それが鎌倉中期の非人集団と叡尊《えいぞん》・忍性《にんしょう》などの律僧《りっそう》の救済活動の原形であることは、もはやいうまでもなかろう。九世紀までは良民—平民として自立した戸をつくりえた悲田院の病者・孤児は、ここにいたって、乞食と同一視される存在となり、やがて非人集団が形成されるとともにそのなかに組み入れられていく。そして悲田院自体もこれと並行して、施薬院から次第に離れ、一個の寺院へと転生していったのである。これが中世の東悲田院の存在形態であった。[補注3]

一方、九条南の西悲田院については、その廃絶にいたる経緯をまったく知ることはできないが、やがてこれを継承する形で、東悲田院と一応別個に安居《あんご》院《いん》悲田院が姿を現わす。その初見が正応《しようおう》六年（一二九三）二月の安居院大宮悲田院鋳鐘願文[27]であることは、新村の指摘する通りである。ただこの鐘の大施主のなかに見える「沙門行円《しやもんぎようえん》」が、もしも久米田寺長老行円上人《しようにん》であるならば、すでにこの悲田院は律宗寺院に近い存在だったことを推測することができる。そして他方に、泉涌寺と切り離し難い関係にある如道無人が悲田院長老明玄に律典を学び、延慶《えんきよう》元年（一三〇八）、「上京大宮安居院悲田院」を中興したと伝えられている[28]ことを考慮に入れるならば、この推測はいっそう根拠を強めることになろう。

おそらく安居院悲田院は鎌倉時代に入ってさほどたたぬころに、東悲田院と密接な関係を保ちつつ、安居院流の唱導でよく知られている安居院の傍に建立され、おそくとも鎌倉後期には東悲田院とともに律宗寺院の性格を持つようになったものと思われる。

泉涌寺がこの両院と密接な関わりのあったことは、鎌倉後期の無人上人の動きを通じて推定できるが、嘉元《かげん》二年（一三〇四）八月二十日の後深草《ごふかくさ》上皇の死後に催された七僧供養のさいの非人施行が、泉涌寺長老覚一上人《かくいっしょうにん》によって行われ、安居院悲田院には一貫文の温室料、東悲田院の非人一五〇〇人に一貫五〇〇文の施行、一貫文の温室料が充てられていることから見ても、それは明らかである。[29] そして『泉涌寺史』が推定しているように、文和《ぶんな》三年（一三五四）ごろには、悲田院はその末寺になったものと見てよかろう。[30]

注目すべきは嘉元の施行に当たって、安居院悲田院には見られないが、東悲田院には蓮台野・清水坂・獄舎・大籠、そして散在・散所と同様、「非人」が多数所属していたことで、それは前述したように、悲田院の寺院化の進んだ平安末期まで遡ることはできよう。建久《けんきゅう》二年（一一九一）三月二十八日の公家新制は保元の新制に依拠して、道路の病者・孤子を悲田院・施薬院に送ることとしており、寛喜《かんき》三年（一二三一）十一月三日の新制もこれをくり返し規定しているが、こうして悲田院に収養された人々は、九世紀以前と異なり、もはや平民となることなく、それ自身「非人」となったものと見なくてはならない。[31] そしてこうした悲田院と非人との関係は、中世から近世にいたるまで長くつづいたのであった。

四

寺院となった悲田院は律宗寺院と同様の組織を持っていたものと思われ、長老・方丈《ほうじょう》・往時などとよばれる僧に統轄されていた。[32] 戦国時に入り、[補注4] 文明《ぶんめい》十八年（一四八六）以降、泉涌寺長老が悲田院住持を兼ねたことを確認しうるが、[33] それがいつまで遡りうるかは明らかでない。また、東悲田院と安居院悲田院とが、別個に運営されていたのかどうかも不明であるが、おそらく一応別の組織を持ちつつ、両院は統一的に運営されたものと思われる。

　その寺院経営が鎌倉期までは荘園を基礎としていたことも、新村の明らかにした通りで、いまのところ、大和《やまと》国畔荘、[34] 永安名、[補注5] 遠江《とおとうみ》国吉美荘、[補注6] 但馬《たじま》国軽部《かるべ》荘、八木荘・善住寺荘、伊《い》予《よ》国井於・船山・角村、備後《びんご》国長和荘・津本郷、丹後《たんご》国時武保[補注7]などを確認することができる。これらの荘園は長和荘が「安居院悲田院領」[35] といわれている点から見て、両院それぞれの所領となっていたと思われるが、反面、その長和荘が嘉元《かげん》四年の昭慶門院領目録には単に「悲田院知行之」とのみ注されているのをはじめ、他の諸荘がいずれも「悲田院領」としてとくに両院を区別していないことを考えると、やはり一応、両院に分かれて知行しつつ、全体として統一的に経営されたと見るのが自然であろう。

　南北朝内乱をこえて、荘園経営は次第に困難になってきたと推測されるが、応永《おうえい》ごろの長和荘に「かしよき」という「庄主」が活動している事実から知られるように、[36] 悲田院は禅宗寺院と同様、有能な経営者としての荘主に荘園経営をゆだねていたと思われる。[37] また、天文十五年（一五四六）十一月、悲田院雑掌《ざっしょう》が「当院祠堂銭之事《とういんしどうせんのこと》」について、改動あるべからずとの幕府の下知《げち》状下付をのぞんでおり、[38] この点でも悲田院の経営は禅宗寺院の方式と共通している。新村が引用した『兼顕卿記《かねあききようき》』文明九年七月十三日条[39]に悲田院領として賀茂田が見出されるように、室町期以降、その経済的な基盤は次第に京都近辺の所領や、こうした祠堂銭《しどうせん》などに依存するようになっていったであろう。

ただ、同じ記事に備前国薬師寺住持に悲田院主がなっている事実が見られることは、注目すべきであろう。新村は諸国の救療養施設についても広く史料を渉猟《しょうりょう》し、鎌倉の大仏悲田院・浜悲田院をはじめ各地の施設に言及している。いまこれに一、二の例を加えれば、弘安《こうあん》九年（一二八六）少弐盛資《しょうにもりすけ》に蒙古合戦勲功賞として与えられた筑前《ちくぜん》国療病寺・同国極楽寺をあげることができる。[40]少弐氏の立場から見て、これは大宰府と関わりを持つ施設と思われるが、寺号から律宗との関係も推測しうる。また細川涼一の紹介した肥後《ひご》国国分寺に結びついたと推定される非人宿[41]も注目すべきで、諸国の国分寺には、中世、多少ともこうした機能があったのではなかろうか。西大寺は国分寺をはじめ、広くそうした寺院を末寺としているが、京の悲田院がさきの備前の薬師寺のほか、各地のこのような寺院と、どの程度本末関係を持っていたかについて究明することは、今後の課題として残さなくてはならない。[補注8]

五

悲田院に関連してもうひとつ注目しておきたいのは、応永《おうえい》ごろ、摂津《せっつ》国渡部惣官の流れを汲《く》み、伯父を討った渡辺高が京にのぼり、さきの「かしよき」という僧をたよって悲田院に忍んでいた、という事実である。[42] 軽々には断定し難いが、これは悲田院がアジールであったことを示すものではないかと思われる。

その反面、久米・新村も注目しているように、永享《えいきょう》七年（一四三五）二月四日、山門使節が悲田院内で処刑されており、[43] そこは間違いなく刑場にもなっているのである。[44] この事実は悲田院に属した非人の刑吏としての役割とも関係してくるが、[45] 久米のいうように、悲田院は他の寺院とは明らかに異なる特質を持っていた。[46] また、室町期の悲田院は新村が詳述している通り、葬送の行われる寺院だったのであり、さらにまた、天文《てんぶん》十五年（一五四六）に見出される「下京無縁所」[47]が、五条に移建された悲田院——「ひんてん寺」であった蓋然性は大である。もしもこの推定が事実として認められるならば、悲田院のこうした特質はさらに鮮明になるといってよかろう。

その点を含めて、これまで意外に等閑《とうかん》に付されてきた、中世後期から近世にかけての悲田院のあり方は、[48] 寺院史・被差別部落形成史の観点から、今後さらに詳しく追究されなくてはなるまい。

注

（1）久米幸夫〈悲田院の沿革と終焉——その二〜三の疑問〉「日本医史学雑誌」二五—一号。

（2）新村拓『日本医療社会史の研究』法政大学出版局、一九八五年。この書の第一章、悲田院と施薬院。

（3）赤松俊秀監修『泉涌寺史』法蔵館、一九八四年、本文篇序章・第一章（熱田公の執筆）。

（4）久米の前掲論稿も慈恵厚生機関としての悲田院に焦点を合せて、さまざまな面から照明を当てているが、なお考え直すべき問題も少なくない。

（5）『編年差別史資料集成』第二巻〜第五巻（三一書房）には、関係史料がよく蒐集されている。

（6）『類聚三代格』巻一六。

（7）獄所と悲田院がこのように京の南北の境近くにあったことは、それ自体注目すべき事実といってよかろう。

（8）新村は「鴨河西」あるいは「鴨河悲田」を九条南と見ることを避けているが、これはとくにその理由がないように思われ、また五条東については施薬院が移されたということのほか、格別の根拠はないと考えるがいかがであろうか。

（9）『類聚三代格』巻一二。

（10）『続日本後紀』承和十二年十一月十四日条。

（11）玉井力「九・十世紀の蔵人所に関する一考察」（『名古屋大学日本史論集』上巻、吉川弘文館、一九七五年）。

（12）『続日本紀』。

（13）大山喬平「中世の身分制と国家」（『日本中世農村史の研究』岩波書店、一九七八年）。

（14）『続日本後紀』。

（15）同右、承和九年七月廿八日条。

(16) 河田光夫〈中世被差別民の装い〉「京都部落史研究所紀要」四号。
(17)『続日本後紀』。
(18)『扶桑略記』第二四。
(19)『続日本紀』。
(20)『日本三代実録』貞観九年八月三日条。
(21) この点については、拙稿〈中世身分制の一考察——中世前期の非人を中心に——〉「歴史と地理」二八九号（本書第Ⅰ部第一章）で若干言及した。
(22) 丹生谷哲一〈中世における非人施行と公武政権〉「大阪教育大学歴史研究」一七号（『検非違使』平凡社、一九八六年、所収）。
(23) 貞観十三年八月十七日、安祥寺伽藍縁起資財帳に、山城国宇治郡にある「山四町郡判貞観八年、薬王寺法性買与、在券契」とあるのがその初見であろう。
(24) 東寺所蔵「永承三年高野御参詣記紙背文書」。
(25) 永観については、五味文彦『院政期社会の研究』山川出版社、一九八四年。
(26) この点も注（22）前掲丹生谷論稿および注（21）前掲拙稿参照。
(27)「扶桑鐘銘集」。
(28)『泉涌寺史』九六～九八頁。
(29) この史料については、拙著『中世東寺と東寺領荘園』東京大学出版会、一九七八年、第七章第二節で考察してみた。
(30) 同書、一二八頁に引用されている文和三年正月書写の「大般若波羅蜜多経」「摩訶般若波羅蜜経」「根本薩婆多部律摂」の書写者のなかに、至顕・全修などの悲田院の僧が見られる。

(31) 悲田院の非人も、検非違使によって統轄されたと見られる点については、注(29)拙著参照。

(32) 前述した長老明玄はその早い例であるが、弘安八年十二月日、但馬国大田文によって確認される悲田院領の荘園に「領家方丈沙汰」「領家方丈御房」とあることから、方丈ともよばれていたことを知りうる。

(33) 「宣秀五位蔵人御教書案」文明十八年八月二日、後土御門天皇綸旨案（『大日本史料』第八編之一八）。その後、「泉涌寺文書」五八号（文亀元年）六月五日　後柏原天皇綸旨、同一一八号　永禄十年三月一日正親町天皇綸旨、同一二二号　同十一年十一月廿一日同上、同一四三号　天正十八年十二月十四日後陽成天皇綸旨等々（『泉涌寺史』資料編）、みな綸旨によって補任されている。

(34) 「兼仲卿記自永仁元年十二月一日至三十日巻紙背文書」。

(35) 「田総文書」年月日未詳、備後国長和荘領家安居院悲田院・地頭長井氏和与状。

(36) 浜本鶴賓文庫本「渡辺氏系図纂輯」に収められた天文三年六月七日「渡辺先祖覚書」。なお、長和荘と悲田院との関係については拙稿〈中世都市「草戸千軒」〉（『日本の美術』二一五号、一九八四年）参照。この「かしよき」はおそらく誤写であろう。

(37) 「泉涌寺文書」九五号、天文九年四月十二日、後奈良天皇女房奉書案に「しゆしやうれう所しほゐの事ハ、このほとにあひかはらすしやうしゆしきかゝへられ候やうに、よくおほせきかせられ候へく候」とあるように、泉涌寺もまた荘主によって荘園を経営していた。

(38) 「賦引符」二（桑山浩然校訂『室町幕府引付史料集成』上巻、近藤出版社）。

(39) 『大日本史料』第八編之九、五五〇〜五五一頁。

(40)「比志島文書」弘安九年閏十二月廿八日、関東式目。

(41)細川涼一「中世の身分制と非人」(歴史学研究会編『東アジア世界の再編と民衆意識』青木書店、一九八三年)。

(42)注(36)「渡辺先祖覚書」。

(43)『満済准后日記』『看聞日記』同日条。

(44)『看聞日記』永享七年六月三日条にも、座禅院の子が悲田院において斬られたとあり、悲田院の刑場としての役割は決して偶発的なものではなかった。

(45)この点と関連して、悲田院の非人と侍所との関係も追究してみる必要があろう。

(46)久米注(1)論稿。久米は仏教寺院としてあるまじきことといわれているが、むしろこれをその特質と考えなくてはならない。室町期の悲田院において葬送が行われたことについては、後花園院・式部卿貞常親王に即して新村が詳述している。

(47)「真継文書」天文十五年三月日、御蔵紀富弘二問状案(名古屋大学文学部国史研究室編『中世鋳物師史料』法政大学出版局、一九八二年、中世文書、五七号)。

(48)東悲田院・安居院悲田院の室町期以降の動きについても、新村が史料を博捜している。そのうち東悲田院について、新村は応安元年(一三六八)以後は不明としているが、文明十一年(一四七九)八月十二日の悲田院仏殿、その周辺の「在家数十間」が焼亡したときの『晴富宿禰記』の記事に、「上悲田院」とある点に注目しておく必要があろう。上悲田院が東悲田院に対して安居院悲田院をさしたことを示す事例は、すでに文保元年(一三一七)の『伏見上皇御中陰記』に見られるので(細川涼一氏の御教示による)、この焼亡が安居院悲田院をさすことは明白である。とするとこの時期、上悲田院と異なる悲田院が別に存在していたことは明らかであるが、『京都の歴史』3（「近世の胎動」学芸書林、一九六八年）のように（一〇五頁）、直ちにこれをかつての東悲田院と見てよいかどうかは疑問である。新村の指摘する通り、東悲田院に関する記事は応安元年（一三六八）の「仲光卿記」を最後として、いまのところ管見に入ったものはないので（補注7参照）、その後しばらくの間の悲田院に関する記事は、安居院悲田院をさすものと見てよかろう。しかし一方、新村のいう通り、『宣胤卿記』永正元年（一五〇四）閏三月八日条の悲田院は因幡堂の側にあり、『実隆公記』の同三年六月一日条のそれも下京にあったことは確実で、おそくとも永正以降、あるいはすでに文明ごろから、下京の五条に、上悲田院＝安居院悲田院とは別の悲田院が存在していたと見なくてはならない。新村はこれを安居院悲田院の焼失後、それに代るものとして建てられたと考えているが、むしろ、応安以後、室町期のある時点に、廃絶した東悲田院のあとを継承する形で、新たな悲田院が因幡堂のそばに建てられたのではなかろうか。『洛中洛外屏風』の上杉本に「ひんてん寺」とあるのがそれに当たり、町田本には非人と見られる人の姿をそこに見出すことができるのである（今谷明氏の御教示による）。しかし一方の安居院悲田院もその後、盛衰はあったと思われるが、織豊期をこえてこの地に存続しつづけ（『京都の歴史』4「桃山の開花」三〇六頁所載、寛永十四年（一六三七）七月二日の洛中絵図に、大応寺に隣接して悲田院が見られる）、『泉涌寺史』が言及しているように、寛永末年のころの住持呉光が寺屋敷・寺領をことごとく雲龍院の如周正専に付属、如周が正保二年（一六四五）六月、これを泉山に移転した（同書三三五〜三三六頁）。

これに対して、東悲田院は廃絶したのちも、よく知られているように、江戸時代、悲田院村・非人を統制する悲田院年寄として、その跡をとどめている。この点については、塚田孝〈三都の非人と非人集団〉（『歴史学研究』五三四号）が言及しているが、中世後期の悲田院の下に組織されていた非人の組織と、近世のこうした非人組織との連続面と相違とについては、なお追究の余地を広く残しているといわなくてはならない。それは京都のみならず、摂津の四天王寺の悲田院、あるいは奈良の悲田院、鎌倉の悲田院等についても同様で、塚田が指摘するような、「四天王寺役者に対しては天王寺垣外は自らを悲田院と肩書き」したことと、中世の四天王寺の実態とがどのような関係を持つのか等々、被差別部落形成史上、どうしても解明しなくてはならぬ幾多の問題がそこに残されているのである。これらの点については、今後とも私なりに追究していきたいと思う。

補注

（1）木村茂光「中世の諸階層・諸身分の闘争」（『一揆3　一揆の構造』東京大学出版会、一九八一年）にも悲田院に関して言及されている。また、藤本佳男「悲田院とその周辺」（日野昭博士還暦記念論文集『歴史と伝承』一九八八年）も、平安期を中心に悲田院について詳述している。

（2）『兵範記』久寿二年（一一五五）十月廿六日条に「法性寺殿」での藤原宗子の「六七日」に当たって、「東西獄・薬王寺等与施行」とあり、同記仁安元年（一一六六）九月一日条にも、藤原基実の「五七日」に、「左右獄、薬王寺熱食施行同前」と見え、清水坂温室にも、料米三石を施行している。また、同八日条の「六七日」に当たっても同様の施行が行われ、嘉応二年（一一七〇）六月十四日条でも、信範の室の「五七日」に「清水寺坂三石、左右獄所熱食施行、薬王院同前」とあり、薬王寺＝薬王院が再建され、悲田院と同様の機能を持っていたことは明らかである、薬王寺がその後も長く維持されていたことは『師守記』貞治元年（一三六二）十二月十四日条に「薬王寺僧明円房」の見られることなどからも明らかで、本文の誤りは明白であり、ここに訂正する。

(3)『一遍上人絵伝』に弘安七年（一二八四）、一遍が「三条悲田院に一日一夜」いたといわれていること、「外記日記」弘安十年（一二八七）十一月二日条に伊勢国鳥羽浦の遍智上人が、京極悲田堂で入滅したとあること、『師守記』延文元年（一三五六）三月十七日条に、東悲田院良智房寮で花見物をした記事のある点なども、参照されてよかろう。

(4)ここにいたるまでに『空華日用工夫略集』永徳元年（一三八一）十二月廿二日条で、義堂周信がこの年十一月十日に建立された悲田院の棟牌の銘を書いていることを知りうる。これが東悲田院であれば、注(48)の「仲光卿記」以後の事実となるが、確認できない。また、「西園寺記録」十二、文明十一年（一四七九）八月十二日条に、悪党の火付により、悲田院が炎上したとあるが、これは注(48)でふれた上悲田院の焼失であろう。悲田院の推移がこのような波瀾にみちたものであったことをこれらの事実から推測することができる。

(5)「兼仲卿記自弘安六年正月一日至三月廿九日巻紙背文書」年月日未詳、夜部荘公文僧頼源重陳状。

(6)「近衛家文書」殿下渡領目録。

(7)長禄三年（一四五九）五月三日、丹後国諸庄郷保惣田数帳目録。

(8)「多久文書」正平廿二年（一三六七）九月三日、征西将軍宮令旨に見える肥前国河上社末社一品宮本司増勝が神用対捍を訴えた「悲田院預所」は、京都の悲田院と見るべきであろうが、肥前の現地にもその拠所のあったことを推測することも可能であろう。また『満済准后日記』永享二年（一四三〇）五月廿七日に「越後国敬田院」の見えることも注目しておくべきであろう。

第三章　中世の「非人」をめぐる二、三の問題

はじめに

近年、被差別部落形成史の研究が全体として著しく活発化してきたが、なかでも中世の非人・河原者《かわらもの》等についての研究は飛躍的な前進をとげた。

非人・河原者等それ自体に即して、多くの史料が発掘され、その実態が明らかになってきただけでなく、丹生谷哲一の著書『検非違使《けびいし》――中世のけがれと権力』(1)などによって、非人・河原者等に対する国家の支配、あるいは寺社による支配についても、そのあり方が克明に解明され、丹生谷は非人、河原者といわれた人々のみならず、宮籠、猿楽《さるがく》などをも広義の「非人」と規定し、この分野の研究の視野を大きく広げたのである。

また、黒田日出男、河田光夫、保立道久等による絵画資料を駆使した研究(2)も進められ、活発な論争を通じて非人の実像をとらえるための試みも進められている。

一方、非人に対する差別の重要な要因とされる「穢《けがれ》」についても、山本幸司によって、そ

の本質が明快に明らかにされ、これをうけて、勝田至も中世民衆の死穢観念について、民俗資料、考古資料を広く蒐集、参照しつつ、すぐれた研究を発表しており、横井清の近年の成果の集成、さらに民俗学自体の側からの宮田登の発言などを加えてみれば、被差別部落形成史はいまや文献史学のみにとどまらず、諸学を総合した研究分野となったといってよかろう。

さらにまた、非人の救済や非人集団そのものの形成にも関連する仏教者の役割についても、細川涼一[7]、河田光夫[8]、松尾剛次[9]、藤原良章[10]、馬田綾子[11]等々によって、多彩な研究が展開され、厚みのある成果の蓄積が生まれており、広義の「非人」と文学、芸能との関わりに言及した研究も、砂川博の仕事[12]をはじめ、数多く現われるようになってきた。

こうした研究の進展にともなって、非人の社会的な位置づけについても、これを「身分外の身分」とする黒田俊雄の説[13]、「凡下《ぼんげ》の一つの特殊形態」とする大山喬平の規定[14]をめぐって議論はさまざまな方向に展開されており、細川涼一[15]、黒田日出男[16]、峰岸純夫[17]、高橋昌明[18]、小山靖憲[19]等によって、種々の整理の試みが行われている。

私自身は、乞食、病者を含む非人、さらに丹生谷のいう広義の「非人」が、中世前期の社会のなかでは、凡下、百姓、あるいは下人と異なる神仏の直属民―神人・寄人《よりうど》・供御人《くごにん》と本質を同じくする身分として、神人・供御人制の下に位置づけられていると見て、これを「職人」の一種と考えており[20]、黒田俊雄をはじめとする多くのきびしい批判にもかかわらず、いまなおこの方向で問題を追究することが必要と思っている。ここではこうした視点から、最近気づいた若干の問題にふれて、今後の議論の素材を提供しておきたい。

一　犬神人・河原者・放免

犬神人《いぬじにん》については、最近、さまざまな新しい視点に立った研究がつぎつぎに発表され、祇《ぎ》園社《おんしゃ》に属する犬神人と清水坂非人とが重なる集団であることが確認された[21]のをはじめ、その衣裳にいたるまで、活動の実態が詳しく解明された。[22] そして、祇園社の犬神人だけでなく、すでに早く宮地直一が指摘した通り、[23] 石清水八幡宮《いわしみずはちまんぐう》、越前《えちぜん》の気比《けひ》社、美濃《みの》の南宮《なんぐう》社にも、犬神人がおり、さらに鎌倉の鶴岡八幡宮に属する犬神人[24]がいたことも明らかにされている。実際、「畿内近国犬神人」[25]といわれたように、犬神人がかなりの範囲で諸国に分布していたことも、河田光夫などによって言及されている。[26] これは清水坂が奈良坂と競合しつつ、各地の非人宿をその末宿としていることに相応ずる事実といえよう。

別の機会にも詳述した通り、[27]「いぬひしにん」[28]とよばれた祇園社の犬神人が、山門西塔釈《しゃ》迦《か》堂寄人として壇供《だんぐ》寄人（壇供神人）と同じく「職掌人《しょくしょうにん》」[29]であり、また「重色《じゅうしき》人」であったことを主張し、「墓所の法理」の適用を求めていることから明らかなように、たとえ「犬」という文字を付されているとしても、犬神人はまぎれもない神人、寄人であり、「聖別」された神仏の直属民であった。これは奈良坂の非人たちが、自らを「本寺最初社家方々之清目、重役之非人」「本寺重役清目之非人」と主張した[30]のと全く同様であり、奈良坂の非人もまた、神仏に直属する寄人、神人と見なくてはならない。

このように、犬神人、非人が王朝国家の職能民に対する支配制度としての神人・供御人制の下に組織され、京都・奈良・鎌倉の寺社をはじめ諸国の一宮《いちのみや》、国分寺などに属するとともに、京都では検非違使《けびいし》（諸国ではおそらくは国衙《こくが》）の統轄をうけていた[31]ことは、まぎれもない事実として確認しておく必要がある。これらの人々は不自由民である下人とは異なる立場にあるとともに、凡下、百姓――平民身分とも明確に区別された神人、寄人の称号を持つ「職人」身分に属し、「聖別」され、ときに畏怖される一面を持つ存在だったのである。

山本幸司が明らかにしたように[32]、「穢」が当時の人々にとって、のちの「汚穢」とは異なり、畏怖すべき事態であったとすれば、それをキヨメる「清目」としての力を持つこれらの人々が、畏れられる側面を持っていたのは当然であろう。このことは、非人が平民の共同体から離脱あるいは排除され、忌避される一面のあったこととなんら矛盾するものでなく、むしろこうした人々が神仏に直属し、「穢」をきよめる力を持つ職能民の一種として、社会のなかに位置づけられたことの意味を追究することこそ、日本の社会の特質を明らかにする上で、きわめて重要な課題といわなくてはならない。

「河原《かわら》細工丸《さいくまる》」[33]などとよばれた河原者が、広義の「非人」として、犬神人、非人ときわめて近い立場にありながら、おそく見ても南北朝期には別個の集団として姿を現わすことは、すでに細川涼一等によって指摘されているが(34)、この分野の研究に測りしれない大きな成果を残し、最近、世を去った三浦圭一の紹介した「野口御清目六郎男」も、三浦のいう通り河原者であろう(35)。徳治《とくじ》二年(一三〇七)三月のおそらく北野社に提出されたと見られる陳状(36)で、六郎が自らを「御清目」と名乗っていることに注目すべきであり、六郎は「一所同心」の清目小法師太郎の訴えを不当としている。三浦はこの陳状について「裁判機関がどこにあったにせよ、中世賤民が親しい間柄であっても、堂々とその正邪を決する裁判闘争を展開しているということ、そしてこの訴状・陳状が認められている以上、その裁判を受理し、審査する場が存在したことを暗示する」とし、「このようなことが、中世賤民集団が『社会外の社会』を構成していたという中世賤民研究のなかの一つの見解に対して、私がどうしても納得がいかないことの理由である」とのべている。この三浦の見解に、私は全く賛成である。

六郎、小法師太郎などのここに姿を見せる清目は、北野社に属した清目—河原者と見てよいのではないか、と私は考えるが(37)、ここで自らを「御清目」といった六郎の意識は、さきの犬神人、非人の自らを「重色人」とする主張と根を同じくするといってよかろう。

丹生谷のいうように(38)、清目—河原者も祇園社、醍醐《だいご》寺《じ》等の寺社に属して「裏無《うらなし》」「障泥《あおり》」などの革製品を貢進するとともに、井戸掘など自然の大きな変更に関する土木工事に従事する職能民であり、やはり寄人として神仏の直属民だったのではないかと思われる。犬神人、非人、河原者等の人々を「体制」の外に置かれた「身分外の身分」とする黒田俊雄の見解は、その主張の意図は十分理解できるとはいえ、三浦の指摘する通り[39]、「体制」「身分」を狭く限定したものとすることによって、こうした人々を「活用」する支配体制、社会のあり方をとらえる道をふさぐ結果になるのではなかろうか。

ときに「非人」あるいは「清目丸」とよばれ、広義の「非人」と見ることのできる放免《ほうめん》[40]についても、近年、さまざまな角度から追究されているが、「使庁《しちょう》下部」ともいわれた放免はおそくとも鎌倉期には左右の囚守の地位を与えられ、検非違使に統轄されていたと見てよかろう。

例えば『師守記』康永《こうえい》三年（一三四四）四月十四日条の賀茂祭散状《さんじょう》に、検非違使のそれぞれに従う「鉾持《ほこもち》」として現われる左囚守彦廉丸、右囚守吉光丸、左囚守彦里丸は、間違いなく放免の正式の姿である。このように囚守の地位を与えられた放免のあり方は、別稿[41]で紹介した建保《けんぽう》四年（一二一六）の文書と推定される、執行《しぎょう》国末丸の「阿党」を訴えた左囚守貞末丸申状[42]にまで遡って考えることができる。

ここで貞末丸は「東寺之強盗字矢太郎男」の「けこ《(警固カ)》」を命ぜられたとし、「囚守等の習《ならい》ハ七日間犯人をうしろみ候《そうら》ひてあしく候へ、七日内ニ五日にても六日にてもきらひかへし候ハ、つねの例也」とのべているが、十分に文意をつかみ難いとはいえ、放免が囚守として獄囚を預り、「うしろみ」「けこ」していたことは明らかといってよかろう。使庁下部の家に獄囚が置かれることは、平安末期においても問題になっており、(43) こうした獄舎、獄囚と放免―囚守との関わり方については、今後さらに追究されなくてはならない。(補注1)

左右看督長《かどのおさ》・左右囚守が「四座下部」といわれ、紺年預得分をその俸禄としていたことは、丹生谷がすでに指摘しているが、(44) 貞治《じょうじ》元年（一三六二）、この得分について、「四座下部」の宿老と中﨟《ちゅうろう》が相論していることから知られるように、(45) 囚守、放免はこのころまでに、年齢階梯制を持つ座に組織されていた。これは清水坂、奈良坂の非人が座的な組織を持っていたこととも相応ずる事実といえよう。とすれば放免もまた囚守という制度的な地位を与えられ、検非違使を通じて天皇に直属する立場にあった。そして、犬神人が祇園御霊会《ごりょうえ》に当たって、その先頭に立ったのと同様、放免―囚守も「鉾持」として、摺染《すりぞめ》の綾羅錦繍《りょうらきんしゅう》を身につけ、検非違使に従って賀茂祭に加わったのである。(46)

このように、「一所同心」ともいわれた座的集団に組織され、神人、囚守などの称号を持ち、俸禄、給分等を保証された人々として、私はやはり、犬神人、河原者、放免などの「非人」を「職人」身分と規定したいと思う。

二 童名《どうみょう》と童形《どうぎょう》

注目すべきは、これらの放免、囚守たちが、その「執行」の地位にあった国末丸をはじめ、貞末丸、彦廉丸、吉光丸、彦里丸等々、すべて「童名」ともいうべき「丸」を付した名を正式に名乗っている点である。長元《ちょうげん》八年（一〇三五）五月二日、「秦吉子解」(47)に「著鈦《ちゃくだ》」黒雄丸が現われるように、これは放免が「著鈦」ともよばれていた平安後期まで遡ることができるので、「丸」をその名に付けるのは、放免の共通したあり方であったと見て間違いなかろう。

さきの解には、牛飼小犬丸、瀧雄丸も姿を見せるが、絵巻物によって、本鳥《もとどり》を結《ゆ》わず、束《そく》髪《はつ》の「童形」であったことの明らかな牛飼が、やはりこれと同じく「丸」を付した「童名」を名乗ったことは、別に詳述した通りである。(48)とすると、放免もまた本鳥を結わない「童形」だったとも考えられるので、(49)たしかに絵巻物に現われる放免はすべて立烏帽子《たちえぼし》を被っているため確認することはできないが、その下は蓬髪《ほうはつ》だった可能性はある。しかし周知のように、放免の姿の特徴はむしろ共通して、その堂々たる髭にあり、頭髪についてはいまのところ不明としておくほかない。

それはともかく、すでに多くの人が注目する通り、中世において、このように童形で童名を名乗る人々が、特異な社会的位置にあったことは明らかである。(50)そして別稿でのべたように、童そのもののなかに、人の力の及ばぬものを見た当時の社会の見方を背景に、こうした童名を名乗る童形の成人も、また神仏の世界にもつながる特異な呪的能力を持つ人と見られていたのではないかと、私は考える。(補注2)

牛飼《うしかい》の童名については、少なくとも中世前期までの牛馬が、のちに「畜生」「四つ足」などとしてさげすまれたような動物ではなく、なお野獣に近く、たやすく人の統御し難い動物と見られていたことと関わりがあろう。これを統御する牛飼は、それ故に、童形でなくてはならなかったのである。このように、中世前期までの動物―自然と人間との関係は、中世後期以降とは大きく異なっていたのであり、鵜飼《うかい》や猿曳《さるひき》だけでなく、鷹飼《たかがい》、犬飼《いぬかい》、さらには馬を扱う人々についても、牛飼と同様の問題を考える必要があろう。(51)

とすれば、放免が童名を名乗ったのは、やはり処刑をふくむその境界的な職能に深く関わっていると見なくてはなるまい。中世後期以降、「清目丸」などとよばれて、たしかに賤視の対象になっていく放免が、中世前期までは「非人」ともいわれながら、絵巻物などによって明らかなように、むしろ畏怖すべき存在として、「鉾《ほこ》」などの呪具を持って姿を現わす理由は、まさしくここにあるといってよかろう。これは犬神人、非人、河原者にも共通した問題で、中世前期までのこれらの人々が、中世後期から近世にかけてと同様な賤視、差別をうけていたと見ることは、この間の自然と人間との関わり方の大きな転換を無視することによって、そこから生まれるさまざまな問題をすべて切り落とす結果になるものと、私は考える。

童形の人々についてはなお次節でふれるが、ここで注意しておきたいのは、鷹や犬のように動物それ自体をはじめ、船、さらに刀剣や鎧甲《よろいかぶと》などの武具、笛、笙《しょう》、篳篥《ひちりき》、箏《そう》などの楽器が、しばしば「丸」を付した名前を持っている点である。この事実に注目した金指正三は江戸時代以来の諸説を引いて検討した上で、これを所有者の愛用物であるが故に付された名前としているが、[52] たしかに童自体のあり方の変わった江戸時代についてはそのようにいえるとしても、中世前期以前では単にそれだけでなく、やはり童、さらに童名の持つ呪性がそこに深く関わっていると見なくてはならない。動物自体の童名―「丸」についてはさきにふれた通りであり、『拾芥抄《しゅうがいしょう》』に「丸」を付した楽器が多く見出されるように、楽器にも早くから童名が付されているが、これも音そのものが神仏の世界と俗界を媒介する役割を果たすと考えられていたことと関係があろう。[53]

人の生死をかけた戦闘に用いられる武器、武具に童名が付けられたのも、これと同様に解することができる。

船の名前には、徳勝[54]、王増[55]、フクマサリ[56]、くらまさり、飯泉、横増[57]などの嘉字を用いた二字の名が付けられたこともあるが、「丸」を付けた船名の初見は、いまのところ相田二郎の紹介[58]した文治《ぶんじ》三年（一一八七）二月十一日の物部氏女譲状[59]に見える紀伊《きい》国久見和太住人、賀茂社貢菜人源末利の私領船「坂東丸」であろう。しかしさらに遡って、承暦《じょうりやく》二年（一〇七八）五月九日、目代、書生等連署《れんしょ》注進状[60]に書き上げられた某国の有力な人物の財産目録に、田畠《でんぱく》、私宅雑具、雑舎などとともに「船丸二艘《そう》」が並んでいるのを見ると、船そのものを「丸」ととらえる見方は、かなり古くからあったと見てよかろう。これは船が河海の交通に当たって、人がその命を全面的に託する、やはり境界的な意味を持つものであったことによると思われる。

そしてこうした境界的、呪的な意味を持つ「丸」—童名が、金指のいうような所有者の愛用物の名と見られるようになっていく点に、(61)さきにふれた中世中期における自然と人間との関係の仕方の大きな転換を見出すことができよう。

三 『一遍聖絵《いっぺんひじりえ》』の非人と童形の人々

『一遍聖絵』が他の絵巻物と比べて、特異といってよいほど多くの乞食、非人を描いていることは周知の通りである。窪田涼子はこの絵巻物の十八の場面から、じつに百三十三人の乞食・非人を検出し、その髪形、服装、所持物等々について細かく分析しているが、(62)類型化した『一遍上人絵詞伝《えことばでん》』の乞食、非人の描き方と比べ、この絵巻がきわめて多様な乞食・非人の生態—生きざまを描いていることは、窪田が指摘する通りといってよい。

それとともに『一遍聖絵』には、これら乞食・非人と密接な関わりを持ちつつ、烏帽子を被らず、下げ髪、束髪の「童形《どうぎょう》」の人々がかなりの数、姿を現わす。この絵巻の乞食・非人については、窪田をはじめ、すでに種々の角度から検討されているが、これらの「童形」の人々をふくめて『一遍聖絵』の絵師がなぜこのように多くの乞食・非人を絵巻に描き込んだ

図1ａ

のかについて、ここで考えてみることとしたい。(補注3)

まず注目すべきは、黒田日出男が最近、細かく分析を加えた絵巻(63)の最後に近い場面――覆面の「犬神人」の入水の場面である。黒田は歓喜《かんぎ》光寺《こうじ》本の入水する「犬神人」が「墨染めの衣」を着ているので、これは「時衆《じしゅ》」と同じではないかと見て、これまで「判断を留保」してきたが、御影堂《みえいどう》本では、海岸でこの入水を祈る人が、歓喜光寺本が時衆であるのに対し、二人の「犬神人」である（図1ａ）のを見て、この疑問が氷解したとする。そして両本の成立の先後を論じた上で、黒田は御影堂本を浄書した歓喜光寺本が、「『結縁衆』の投身自殺として『癩者《らいしゃ》』を描くのはまずいと判断」して、急遽、海岸の犬神人を時衆に変更し、「投身者の白覆面は描き残され、墨染めの衣を着せることと」したのだとしている。

　黒田のこの場面についてのこうした解釈は、『一遍聖絵』の「『乞食非人』や『癩者』」が「基本的には、

図１ｂ

図２

一遍ら時衆の行動に対して傍観者的に描写されて」いるという見方、「一遍と時衆の僧侶たちが『乞食非人』や『癩者』に手を差しのべている描写は一つも」なく、「時衆の踊り念仏やその周囲の人々に交わって見ている描写」もないという黒田の判断と不可分の関係にある。もとより、ここではじめて、入水する人々のなかに「犬神人」——黒田のいう「癩者」——のいたことを認めた黒田は、当然にも「一遍の信仰が『癩者』たちのそれを突き動かすものがあった」としているが、しかしなお、歓喜光寺本の絵師の「貴族的性格」の故に、「『癩者』の投身自殺」の描写は、修正消去され、「『非人』『癩者』のあの傍観者然とした描写だけが残った」のだと見て、そこに「絵画史料の階級性」を見出しているのである。

しかし、私には黒田のように、歓喜光寺本において入水している覆面の人が、時衆と同じ「墨染めの衣」であったとは、どうしても見えない。海中に描かれた入水する時衆の衣には明らかに袈裟《けさ》が見える（図1b）が、覆面の人の衣（図2）にはそれが見えないだけでなく、ごく自然に絵を見るならば、この覆面の人の衣が、その直前の場面——一遍の臨終に当たって集まった多くの人々のなかに立ち交じっている「犬神人」（黒田のいう「宿の長吏」）の柿色の衣そのものである（図3）ことは明らかなのではあるまいか。もしこのことが認められるならば、さきの黒田の解釈は大きく変更を余儀なくされるであろう。

それだけではない。重要なこ

図3

図4

とは、臨終の場面に姿を見せる三人の覆面の「犬神人」（御影堂本では五人）が多くの男女の道俗の間に立ち交じっていることである（図3）。このことは黒田も認めているのであるが[64]、この事実もさきのこの絵巻における「乞食非人」の描写についての黒田の判断と、明らかに矛盾するのではあるまいか[65]。

ここでさらに注意しておきたいのは、三人の犬神人のすぐ右側に立つ、烏帽子をつけず、束髪にしたあご髭の男で、これは童形の人と見てよかろう。そしてそれから多少の距離をおいて、傘をさす「絵説」をはじめとする四、五人の「非人」の一群（図4）のいることも見逃すことはできないので、これらの人々の目―視線は間違いなく一遍の臨終の場の方向に向けられているのである。

さらに絵巻を逆に遡ってみると、臨終の場所となった観音堂で最後の説教をする一遍の場面で、門の外にいる「犬神人」と「童形」の人を見出すことができる（図5）[66]。もちろん断

図５

定はできないが、説教の行われている観音堂の方を見る二人を含む三人の「犬神人」が、臨終の場面におけるさきの三人の「犬神人」その人であると見るのは、決して不自然ではなかろう。そしてさきの童形の人物とは異なる人であろうが、この場面で池の端にすわる「非人」の一群の中に、団扇《うちわ》を手にし、腰になにか不明の筒のようなものをつけた束髪の童形の人物のいることにも注意を向けておかなくてはならない。この一群がさきの臨終の場面の右下端に見える「絵説」を含む「非人」たち（図４）と連絡する可能性も十分あるといってよい。

これらをどのように控え目に見ても、臨終の場面に人々と入り交じって現われる三人の「犬神人」については、黒田のいうような傍観者でなかったことは明らかといわなくては

図6

図7

ならない。

とすると、『一遍聖絵』を描いた絵師は、歓喜光寺本、御影堂本ともに、一遍と時衆につき従ってきた「犬神人」や「非人」たちが、一遍の臨終に当たって、当初の門外に身を置くという遠慮がちな姿勢をすて去って、門内に入って人々と立ち交じり、ついにそのうちの一人が一遍のあとを追って入水往生をとげるという、感動的ともいうべきドラマをここに描いたと見ることができよう。

そして『一遍聖絵』の絵師はこうしたクライマックスを最終の場面に置くことによって、一遍の教えがそれに結縁《けちえん》する「犬神人」「非人」をも救ったことを語ろうとしたのであり、この絵巻の主題そのもの――少なくとも重要な主題のひとつが、一遍による「非人」の救済を描くことにあったということもできるのではなかろうか。『聖絵』の絵師が執拗なまでに「非人」たちのきわめて多様な姿とその生きざまを描きつづけた理由は、そう考えなくては理解できない、と私は思う。

そしてこのような視点に立って、この絵巻を見直してみると、さきの黒田の判断とは異なるいくつかの場面が目に入ってくる。

絵巻を逆に巻き戻しつつ見ると、まず淡路《あわじ》国志筑の天神社の場面で、時衆の僧が、蓬髪《ほうはつ》に鉢巻をし、傘を持つ「非人」と見られる男に語りかけている情景（図6）が目に入ってくる。これも、さきの黒田の判断と明らかに矛盾する事実ではあるまいか。

鳥居の内の下にいる二人の「犬神人」をはじめ、やはり鳥居の内側、境内に小屋懸けをしている「非人」たち（図7）についても、さきの観音堂の門外にいた「犬神人」「非人」たちのことを考えると、たやすくこれを「傍観者」とはいい難いように思われる。

さらに遡ってみたとき、目をひくのは美作《みまさか》国一宮《いちのみや》の場面である。詞書《ことばがき》は、ここを詣でた一遍は「けがれたるものも侍るらんとて、楼門の外におとり屋をつくりておきたてまつりけり」とし、さらに「このたびは非人をば門外にをき、聖・時衆等をば拝殿にいれたてまつ

図8

る」とのべている。しかし絵には「おと《ど》り屋」はなく、楼門の外の道の両側に「乞食非人」が小屋懸けしている状景が描かれており、この人々が門外に置かれた「非人」をさすことは間違いないと思われる。

また、この場合で注目すべきは、楼門の向かって左横の土壇に座る総髪で傘を持つ人と、蓬髪に鉢巻をした人で、前者は高足駄《たかげた》をはいていたと見られる[67](図8)。この二人も「非人」と見てよいと考えられ、前者はさきにふれた「童形」の人と同種の人物であろう。

たしかに一見、拝殿の殿舎のなかにいる一遍や時衆たちと、これらの「非人」たちとは無関係のようにも見えるが、詞書を考慮に入れれば、これらの人々が一遍の配慮によって門外に置かれたことは明らかであり、両者を無関係とはいえないであろう。しかも詞書に「このたびは」と書かれている点を見落すことはできないので、これはこのような配慮がむしろ例外的な措置で、通常、一遍と時衆は「非人」たちを伴って遍歴していたことを示しているのではなかろうか。

これについで、興味深いのは尾張《おわり》国甚目寺における施行《せぎょう》の場面である。詞書によると、ここで一遍は七日の行法をはじめたが、「供養ちからつきて、時僧うれへの色みえければ」という状況になったところ、萱津宿にいた「徳人二人」が同時に、一遍に供養せよという毘沙《びしゃ》門天《もんてん》の命を夢想し、「徳人」たちは早速、一遍たちに対する施行を行った、とされている。

図9

これに対応する絵は、寺をかこむ生垣《いけがき》の内に、垣根に沿って並ぶ撮棒《さいぼう》を持つ「犬神人」をはじめとする数人の「非人」(図9)、施行のための唐櫃《からびつ》を担う人々、檜物の桶・箱を頭上にいただく女性たちの姿を描く。そして楼門、鐘楼《しょうろう》、本堂の間の境内の庭を、高足駄《たかあしだ》をはき、団扇を持ち、子供を抱く女性二人と傘を持ち笈《おい》を負う蓬髪の男をひきつれて歩

図10

く、束髪の男と（図10）、本堂のなかにいる一遍と時衆たちに対し、縁に手をかけて膝をつく束髪の男（図11）を描き込んでいる。

　絵に即して見るかぎり、この二人の男は「童形」の人ということができる。なかでも高足駄をはく男の一行は「異形」というにふさわしい不思議な人々であるが、さきに見てきたように、団扇と高足駄は「非人」に近接する「童形」の人々に共通した特徴であったことを想起する必要があり、生垣《いけがき》に並ぶ「非人」たちとも、この二人の男は関わりがあるのではないかと思われる。

　では詞書にいう「徳人二人」はこの絵のどこに描かれているのか。この場面の右端下に描かれた屋敷のなかに見える僧侶と女性にこれをあてる見解[68]もあるが、私はこの「童形」の二人こそが「徳人二人」なのではないかと考える。施行の物を運ぶ人々の先頭にあって、威風堂々と歩く高足駄の男、縁の下に跪《ひざまず》き、施行のことを一遍たちに告げるが如き男の描写

図11

を見れば、このように考えるのが最も自然なのではあるまいか(補注4)。

実際、別に詳述した「京童」[69]「牛飼童」「印地《いんじ》の高太」などの中世前期までのあり方を考えるならば、「非人」とも関わりのあるこうした「童形」の人を、宿にいる「徳人」と見ることは、なんら不自然ではない。むしろそれをありえないことのように考える見方こそ、「非人」「童形」を最初から中世後期以降のように賤《いや》しめられたとし、体制・社会から疎外されていたとする先入見にわざわいされているのではなかろうか。

そして、もしもこのように考えることが承認されるならば、一遍たちと「非人」、「童形」の人々は、無関係どころか、きわめて深く結ばれていたことになるので、絵巻はこの施行を通じてのこれらの人々の一遍への帰依《きえ》を語ろうとしているといわなくてはならない。

そして詞書がこの場面につづけて「美濃《みの》・尾張をとおり給に、処々の悪党ふたをたてていはく、聖人供養のこ

図 12
（図 1 ～図 12 「立命館文學」第 509 号より）

ころざしには、彼道場へ往詣の人々に、わづらひをなすべからず、もし同心せざらむものにおきては、いましめをくはふべし云々、よりて三年があひだ、海道をすすめ給に、昼夜に白波のをそれなく、首尾縁林の難なし」と書いているのも、「童形」の人々や「非人」が「悪党」ときわめて近接している事実を考慮すれば、まことに自然に理解することができよう。一遍の布教が、まさしくこうした人たちに支えられつつ行われたことを、この絵巻は詞書においても、絵においても、それぞれに物語っているのである。(補注5)

このような一遍、時衆と「非人」との関わりを示す絵は、よく知られている信濃《しなの》国伴野市の場面にも見出すことができる。市の仮屋の下に、一遍を先頭に座る時衆の一団の後ろに、同じ方向を向く覆面の「犬神人」と、そのあとに従う「乞食非人」の一群が立っている（図12）。

この人々についても「供養のお余りをあてにした乞食集団」とする見方があるが、この「犬神人」の謹直ともいうべき姿勢を見れば、むしろここで一遍の現わした奇瑞《きずい》に感動して時衆たちに目を向け、これに帰依しようとする意志を示したものと考える方が、素直な見方なのではなかろうか(71)。

そしてさらに立ち入って推測するならば、絵巻を描いた絵師は、ここではじめて一遍に結縁する「犬神人」「乞食非人」の姿を描いたと見ることもできるのである。とすれば、因幡《いなば》堂の縁の上、下に眠る「乞食」、天王寺の塀の下に並ぶ車を持つ「乞食」の小屋等々、この場面より前に描かれた「乞食非人」の姿は、ここにいたる伏線ということになろう。

こうした推測を交じえた見方には、種々の異論も入りうるであろうが、以上にあげたようないくつかの根拠から見て、『一遍聖絵』の作者が、「童形」の人々、「犬神人」「非人」と一遍、時衆との深い結びつき、一遍の教えによる「非人」の救済を、絵巻全体を通じて、ひとつの重要なテーマとして語ろうとしたことは確実、と私は考える。

これは同じころ、一遍と時衆に対して悪党たちに批判を加え、「穢多《えた》」という文字を使い、蓬髪の「穢多童子《どうじ》」の絵を描いた『天狗草紙《てんぐぞうし》』と真向《まつこう》から対立する姿勢といわなくてはならない(補注6)。鎌倉後期、「非人」あるいは「悪党」をめぐって、このようなきびしい思想的な緊張があったのであり、『一遍聖絵』はまさしくその渦中において理解される必要があろう。

現代人の目から見て、それがいかにみじめに見えようと、そこに描かれたきわめて多数の「非人」及び「童形」の人々は、一人として同じ姿はないといってよいほどさまざまに、しかもそれなりに、死にいたるまで生活する人々として、生き生きとしていると私には見える。それはすでに時宗が教団として形をなした時期の『一遍上人絵詞伝《えことばでん》』の描く、類型化した「非人」とも明らかに異質なものがあり、この『絵詞伝』の「非人」によって『聖絵』の「非人」をおしはかり、さらに「非人」の実態をとらえようとすることは(72)、偏《かたよ》った誤りを否応なしに招くのではないか、と私は考える。

むすび

さきにもたびたびふれたように、十四世紀——ほぼ南北朝動乱期を境にして、日本列島主要部の人間社会と自然との関わり方は大きな転換をとげる。

それまで、畏怖される事態であった「穢」は、むしろ「汚穢《おえ》」そのものとしてとらえられるようになり、人の力のたやすく統御し難い存在であった牛馬なども、いやしむべき「四つ足」「畜生」と見られるようになってくるので、そこに「穢」あるいは牛馬等に関わる人々が賤視され、社会的にも被差別身分として固定化されていく背景があったと私は考える(73)。

しかしそこにいたる過程で、さきの『一遍聖絵』のような立場——時宗をはじめとして一《いっ》向宗《こう》、日蓮宗《にちれん》、さらには律宗、禅宗などの仏教の諸宗派がそれぞれいかなる役割を果たしたのか、『聖絵』に見られたような視点は、結局は社会的に貫徹されることはなかったとしても、それはいったいなぜなのか等々、私などにはもはや到底解決し難い多くの問題が浮び上がってくるが、これについてはなお後日の努力を期し、ひとまず稿をとじたいと思う。

注

(1) 平凡社、一九八六年。なお本書については伊藤喜良(「史学雑誌」九七―八、一九八八年)などの書評がある。

(2) 黒田日出男『境界の中世　象徴の中世』(東京大学出版会、一九八六年)、河田光夫〈親鸞と「犬神人」〉(「こぺる」七七・七八号、一九八四年)、保立道久『中世の愛と従属』(平凡社、一九八六年)。

(3)〈貴族社会における穢と秩序〉「日本史研究」二八七号、一九八六年、『穢と大祓』平凡社、一九九二年。

(4)〈中世民衆の葬制と死穢〉「史林」七〇―三、一九八七年、〈中世の屋敷墓〉「史林」七一―三、一九八八年。

(5)『的と胞衣――中世人の死と生』平凡社、一九八八年。

(6)「ヒジリの末裔」『列島の文化史』4、日本エディタースクール出版部、一九八七年。

(7) 細川には関係論文が多いが、〈叡尊・忍性の慈善救済〉(「論究」十一―一、一九七九年)、〈中世の身分制と非人〉(「歴史学研究」別冊特集　東アジア世界の再編と民衆意識、一九八三年)をここではあげておく。

(8)〈親鸞と被差別民〉「文学」五三—七、一〇、一九八五年。
(9)〈中世非人に関する一考察〉「史学雑誌」八九—二、一九八〇年。
(10)「中世前期の病者と救済——非人に関する一試論」『列島の文化史』3、日本エディタースクール出版部、一九八六年。
(11)〈中世京都における寺院と民衆〉「日本史研究」二三五号、一九八二年。
(12)『平家物語新考』東京美術、一九八二年。
(13)『日本中世の国家と宗教』岩波書店、一九七五年、『歴史学の再生』校倉書房、一九八三年、「中世の身分意識と社会観」日本の社会史第7巻『社会観と世界像』岩波書店、一九八七年。
(14)『日本中世農村史の研究』岩波書店、一九七八年。
(15)注(7)前掲「中世の身分制と非人」。
(16)注(2)の著書。
(17)〈日本中世の身分制をめぐって——非人身分を中心に——〉「部落問題研究」七一号、一九八二年。
(18)「中世の身分制」『講座日本歴史』3、中世1、東京大学出版会、一九八四年。
(19)「中世賤民論」『講座日本歴史』4、中世2、東京大学出版会、一九八五年。
(20)〈中世身分制の一考察——中世前期の非人を中心に——〉「歴史と地理」五八九号、一九七九年。
(21)注(11)の馬田綾子の論文など参照。
(22)注(2)黒田日出男の著書。河田光夫〈中世被差別民の装い〉「京都部落史研究所紀要」四号、一九八四年。

(23)「八坂神社の古文書について」『八坂神社文書』下、一九四〇年、名著出版、一九七四年再刊。(南宮社についてはは宇都宮精秀氏の御教示による)。
(24) 石井進「都市鎌倉における『地獄』の風景」『御家人制の研究』吉川弘文館、一九八一年。
(25)「祇園社記」第十『八坂神社記録』三、応安元年後六月廿三日、延暦寺政所集会議事書。
(26)〈犬神人〉「こぺる」八二号、一九八四年。
(27)「中世前期における職能民の存在形態」『日本中世史研究の軌跡』東京大学出版会、一九八八年。
(28)「祇園社記」第十五(『八坂神社記録』三)に「御とものきしき、御先へハいぬひしにんまいる」とある。
(29)『八坂神社文書』上、文和二年五月日、感神院犬神人等申状。
(30)「神宮文庫所蔵文書」寛元二年四月日、奈良坂非人等陳状案。
(31) 注(1)丹生谷著書。
(32) 注(3)前掲論稿。
(33)「社家記録」『八坂神社記録』一、正平七年正月十二日条に「河原細工」、同年正月廿四日条に「河原細工丸」、「三鳥居建立記」(『八坂神社記録』三)、貞治四年六月十二日条に「四条河原細工丸十人」などとある。
(34) 注(7)前掲〈中世の身分制と非人〉。
(35)〈中世賤民の或る裁判沙汰〉、部落問題研究所編「部落の生活史」一九八八年。
(36)「御簾調進記録紙背文書」(『北野天満宮史料』古記録)徳治二年三月日、野口清目六郎陳状。この紙背文書に「信乃法眼御房」充の書状が見える点から、このように推測できる。

(37)『北野社家日記』等に「西京散所者」として、河原者が頻出するのは周知の通りである。
(38)注(1)前掲書。
(39)注(13)「中世の身分意識と社会観」。
(40)『建内記』嘉吉元年九月廿一日条で、処刑に当たった放免が「清目丸」といわれているのは、丹生谷の指摘する通りである。放免を「非人」といった事例については、拙著『異形の王権』(平凡社、一八八六年)に引いた『江談抄』の記事参照。
(41)〈検非違使の所領〉「歴史学研究」五五七号、一九八六年(本書第Ⅰ部第四章)。
(42)「醍醐寺文書」二三函下、利帝十五童子尺紙背文書、年月日未詳。
(43)「宇槐記抄」仁平二年五月十五日条。
(44)注(1)前掲書。そこで丹生谷もこれが近世の四座雑色による青屋支配につながる点を指摘しているが、青屋が刑吏であったことについては、山本尚友〈新青屋考〉(「京都部落史研究所紀要」四号、一九八四年)参照。
(45)『師守記』貞治元年十一月十二日、十三日、十六日、廿二日、廿三日、廿六日、廿七日、廿八日、廿九日条、同年十二月廿一日条等。
(46)『吉記』安元二年四月廿二日条など、その事例は多い。
(47)「九条家本延喜式巻三十九裏文書」長元八年五月二日、秦吉子解。
(48)注(40)前掲、網野善彦『異形の王権』。
(49)小田雄三「烏帽子小考——職人風俗の一断面——」『近世風俗図譜』12、小学館、一九八三年。
(50)例えば黒田日出男注(2)の前掲書。

(51)飯沼賢司「人名小考――中世の身分・イエ・社会をめぐって」(竹内理三先生喜寿記念論文集刊行会編『荘園制と中世社会』東京堂出版、一九八四年)は古代から中世への人名の変化を追究し「丸型人名」「童名」「女性名」には古代的アニミズム的人名の特色が残ると指摘する。そして、丸型の人名は一人前の人間とみなされていないものに対する蔑称であり、所有の対象となる人・物に付けられた名としている。これは事の一面をよくとらえているが、放免にせよ、牛飼にせよ、決して所有の対象となる人ではなかったのであり、この見方では割り切れないものがある。

また飯沼は厩が牢獄となっていることと、馬飼の問題を結びつけており、これも今後、追究する必要のある問題であろう。なお、牛車に荷を積んで運ぶ車借、馬に俵を負わせて輸送する馬借と見られる人物も、絵巻物を見ると「童形」あるいは特異な姿である場合がしばしば見出しうる。牛車については「扇面古写経」(『新版絵巻物による日本常民生活絵引』平凡社、一九八四年――以下、『絵引』と略す――第一巻、一四)「石山寺縁起」(同上、第三巻四六八)「春日権現験記」(同上、第四巻六〇八)、馬については「石山寺縁起」(同上、第三巻四七一・四七二・四七九)「法然上人絵伝」(同上、第五巻七三〇)など参照。また、牛飼が北野社の大座神人であったことは、竹内秀雄『天満宮』(吉川弘文館、一九六八年)が指摘しており、牛飼もまた神の直属民となっている点に注目すべきである。

(52)〈船の丸号考資料〉「海事史研究」三三号、一九七九年。

(53)この点については拙著「高声と微音」『ことばの文化史』中世1、平凡社、一九八八年、参照。

(54)「秦文書」文永九年二月日、過所旗章。

(55)同右、永仁七年二月十一日、某注置状。

(56)「大音文書」正和五年十一月日、常神浦忠国陳状。
(57)「秦文書」貞和四年四月日、天満宮助成注文。
(58)「船の丸号に関する新史料」一九二八年(相田二郎著作集3『古文書と郷土史研究』名著出版、一九七八年所収)。
(59)「仁和寺聖教紙背文書」。この船は「東国」ともいわれており、紀伊と東国との間の海上交通を考える上でも重要な文書である。
(60)「千鳥家本皇年代記裏文書」『平安遺文』十─補一四。
(61)この点は注(51)の前掲、飯沼賢司の論文についても同様である。
(62)〈『一遍聖絵』に見る乞食の諸相〉「物質文化」四三号、一九六四年。
(63)〈二つの『一遍聖絵』について〉「週刊朝日百科　日本の歴史　別冊　歴史の読み方1──絵画史料の読み方」朝日新聞社、一九八八年。
(64)前注論文、図1の解説。黒田はこのような犬神人を「宿の長吏」とよんでいるが、たしかに犬神人は非人のなかで、おもだった人々であったと見られるとはいえ、これをすべて「宿の長吏」と決めることには無理があると私は思う。
(65)この図1の解説と、本文の『一遍聖絵』に現われる「乞食」や「癩者」は「必ず一遍と時衆の僧たちから離れた位置に傍観者的に描かれるのを常と」するという記述とは矛盾するのではなかろうか。なお、「週刊朝日百科　日本の歴史76　近世I──⑩賤民と王権」(朝日新聞社、一九八七年)七─三〇〇~三〇一頁に掲げられたこの場面を解説した黒田は、この三人の犬神人について「彼らは結縁のためにやって来たのだろうか、それとも葬送のためだろうか」と疑問を残しているが、注(63)の論旨とこの絵とを結べば、「葬送のため」とは到底考えられず、黒田自身のいう通り、「結縁のため」と見るべきであろう。この判断とさきの記述はやはり矛盾するといわなくてはならない。

(66)『絵引』第二巻、二三七で、宮本常一はここに見える「三つの巴紋」を楯のそれと見るとともに、この三人の犬神人を「もといずれも武士だったものだろう」と解説している。

(67)『絵引』第二巻二〇一の解説は、この傘を持つ人物を女性と見ている。

(68)日本絵巻大成別巻『一遍上人絵伝』中央公論社、一九七八年、小松茂美「図版解説」。

(69)注(40)前掲、網野善彦『異形の王権』。

(70)同右参照。

(71)図12の左端、座っている時衆の集団の右端の僧は、「非人」たちによびかけているようにも見える。

(72)注(62)前掲論稿で、窪田涼子も指摘しているが、黒田日出男「史料としての絵巻物と中世身分制」(注2)前掲著書)は、中世後期にさしかかろうとするころの「非人」の問題を考える上には、示唆するところ多いが、これをもって『一遍聖絵』の時期の問題を直ちにおしはかることはできないと思う。

(73)司修絵『河原にできた中世の町』(岩波書店、一九八八年)に付した解説、絵注などでも、この問題に若干、言及したが、今後さらに本格的に考えてみたいと思う。

付記

本稿成稿後、藤本正行〈入水する時衆と結縁衆〉(『月刊百科』三一六号、一九八九年)が発表された。本稿と同じく、入水の場面についての黒田日出男の見方を疑問とし、詳細な批判を加えたもので、私は基本的に藤本の見解に賛成である。

補注

(1) 上杉和彦「京中獄所の構造と特色」(石井進編『都と鄙の中世史』吉川弘文館、一九九二年)は、この問題を詳細に追究した労作である。

(2) 網野善彦『異形の王権』平凡社、一九八六年、および本書第Ⅱ部第二章。

(3) 砂川博〈「一遍聖絵」と「遊行上人縁起絵」――熊野神話・律僧と時衆〉(「時宗教学年報」第二十一輯、一九九三年)も、この点に関する論稿である。

(4) 本稿発表後、黒田日出男は〈ぼろぼろ(暮露)の画像と「一遍聖絵」〉(「月刊百科」三四五号、三四七号、一九九一年)で、私が「童形」「非人」「異形」とした人々が「ぼろぼろ」の画像であることを詳細に明らかにした。もとより、ここで私はそのことに「全く気付いていなかった」ことは明らかで、こうした画像に「名付け」を行う力はなかったのであり、黒田のこの労作は「諸画像」への「名付け」を大きく進めたものとして、ここから多くを学ぶことができた。それとともに、卒直かつきびしい批判をいただいたことを深謝する。

黒田のあげた多くの図像のなかで「傘の柄に巻物を括りつけている人々」を、『絵引』は「絵解きの僧」としており、黒田が伊藤唯真の指摘をうけて認めている通り、「柄につりさげた軸物は絵を描いたものであろう。そしてその絵は六道絵のようなものであったと思われる」と指摘している(第二巻三一一・三一二)。

黒田の研究により、この「絵解き僧」と「ぼろぼろ」との重なりが明らかになったのは大きな収穫であるが、「絵解」と「散所法師」、さらに「非人」と「横行」などもそれぞれ深く関わりを持っていたこともすでに知られており、広義の「非人」がそれぞれの職能に即して分化していく過程を、画像までふくめて明らかにすることが、今後の課題となろう。

また黒田は甚目寺の場面に現われる高足駄をはく男を中心とする一行を、やはり「ぼろぼろ」としており、保立道久は「『ばさら』ないし放下芸能民」とし、「徳人」は「お堂の縁のところにいる烏帽子をかぶった人物」と見ている（石井進・網野編『中世都市と商人職人』名著出版、一九九二年、二四一頁）。しかし私はいまも、この人物は、図11の縁先に手をつく男、図3の犬神人とともに立つ男のような人々とあわせて考える必要があるのでないかと考えており、黒田のいうように「ぼろぼろ」であっても、「徳人」と見ることには全く支障はないと思う。そしてこの「徳人」が詞書に現われる「悪党」とつながるとすれば、黒田の指摘を生かして、ここに有徳な「ぼろぼろ」、「悪党」の画像をわれわれは得たことになる。十三世紀後半から十四世紀にかけての時代は、まさしくそうした人々の活躍した時代だったのではなかろうか。

(5)「悪党」がこのように交通路を自立的に管理しうる力量を持っていたことは、きわめて注目すべき事実であり、美濃・尾張の実態を考えると、それは「海賊」とも関わっていたに相違ない。こうした「悪党」「海賊」のあり方については、別に立ち入って考えてみたいと思う。

(6)ただ、『天狗草紙』に天狗の「おそろしきもの」として「穢多がきもきり」があげられている点に注目すべきで、天狗が「穢多童子」に首をねじり殺されている点とともに、この時期の「穢多」がなお畏るべき力を持つものとしてこの草紙が描いていることも見逃し難い。

付論四　勧進法師と甲乙人

左の文書は、東寺百合《とうじひゃくごう》文書《もんじょ》レ函（二〇―三一、二六号）に収められている。

(端裏銘)
「秀信 代龍海陳状文保元□(十)十二」

村田安房新左衛門尉秀信代法橋龍海謹弁申
　欲早任被定置旨被行姧訴罪科、号阿波国御家人金丸宰相房盛覚以秀信相傳高辻東洞院西頬地稱盛覚等相傳由、龍海致狼藉旨企造沙汰条難遁重科事

右彼地者、為没収之地秀信相傳領知之条于今無相違之處、造沙汰張本高木六郎行盛并盛覚等令寄宿地百姓等、住宅不糺返、数月之宿直之刻、家主依責申失術計、以秀信相傳知行之地行盛・盛覚等可令領知之由稱有由緒、致種々狼藉之間、龍海觸申子細於保篝屋畢、而今盛覚依難遁自科、於検断御方企姧訴之条弥招重科者也、爰盛覚姧訴状云、高辻東洞院地者河内孫次郎康景相傳知行無相違之間、盛覚致其沙汰之處、龍海等致狼藉云々取詮、此条於下地相傳事者令言上于右畢、被召出相傳之所見加一見之後、可申所存也、不出帯相傳之支證者、造沙汰之罪科不可廻踵者哉、至狼藉事者為盛覚等之所行否、保篝屋被存知之上者、任実正有御尋日可為顕然者也、次以秀信代龍海、或号勧進法師由、或准申甲乙人之条、悪口之罪

科令至極者也、所詮早被弃置盛覚之造沙汰、欲被行姧訴悪口以下重畳之罪科、仍粗披陳言上如件

文保元年十月□日

村田秀信は小山氏の一族、常陸《ひたち》国村田荘に本拠を持つ人と推定される。また、院の北面、河内守康重の子息と思われる河内康景は、保元《ほげん》以来の代々手継証文を保持し、武家没収地と主張する秀信と対立している。阿波《あわ》国金丸荘に所職を持つ御家人《ごけにん》盛覚は、この文書によって知られるように康景と関わりある人物である。元亨《げんこう》四年（一三二四）、河内知家の後家道禅は秀信その人と見られる浄阿と争って勝訴、その後まもなくこの地は東寺に寄進され、康永《こうえい》元年（一三四二）、東寺雑掌《ざつしょう》はこれを武家領とする二階堂道本を訴えている。このように、この申状は洛中における武家没収地に関連する史料として興味深いだけでなく、洛中の地の地主、地百姓＝屋（家）主、寄宿人の関係、またこうした地に対する保篝屋、六波羅検断方《ろくはらけんだんかた》の関わりを知りうる点でも注目すべきであるが、ここではとくに、盛覚によって「勧進法《かんじんほう》師《し》」といわれ、「甲乙人」になぞえられたことを、龍海が、「悪口の罪科」として訴えている事実に目を向けておきたい。この「甲乙人」が単に「凡下百姓」の意ではなく、笠松宏至のいう「特定の所有に無関係の人をさす呼称」を意味していることは明らかであろう。「甲乙人」はまさしく「無縁」の人であった。そして勧進法師もまた同様の特質を備える人だった

ことは、別の機会にすでにふれた通りである（網野善彦『増補　無縁《むえん》・公界《くがい》・楽《らく》』平凡社、一九八七年）。それ故に、彼等は勧進をなしえたのであり、この時代、寺院・神社の造営や橋の架設のために、天皇・幕府による保証を得て、関を立て、関銭《せきせん》・津料《つりょう》を徴収し、棟別銭《むねべつせん》を賦課するなどの活動を展開する多くの勧進上人《かんじんしょうにん》たちの姿を、われわれは一方に見出すことができる。しかし、それがここではすでに「悪口の罪科」といわれるほどの呼称にもなっていたことに注目しておかなくてはならぬ。江戸時代に入り、勧進法師が卑賤視の対象となっていく萌《きざ》しは、鎌倉末期のこの文書を通してはっきりと読みとることができるのである。

第四章　検非違使の所領

一

中世の「非人」「河原者《かわらもの》」等についての研究は、最近、文字通り目ざましい発展をとげつつあり、それによって、被差別部落形成史はその面目を一新したといっても決して過言ではなかろう。しかもそのなかで、中世社会の諸身分のあり方の根本にふれ、さらには日本の社会それ自体の体質にも関わる重要な問題が浮かび上がりつつあり、いくつかの論点が鮮明になってきた。

そのひとつが、「非人」「河原者」等に対する天皇の支配のあり方をめぐる論点で、より具体的に京都に即していえば、検非違使《けびいし》によるこれらの人々の支配の実態について、理解の相違が論者の間にあることは、あらためていうまでもなかろう。一九八三年六月、部落問題研究所の主催で開かれたシンポジウム「中世身分制の研究状況と課題」(1)においても、この問題は討論の重要な焦点のひとつとなり、検非違使による京中の境界領域の支配、使庁《しちょう》による

「非人」「河原者」に対する統轄の実態をめぐって、拙論に対する批判をふくめて活発な議論が行われた(2)。

いまこの論点について、あらためて全面的に取り上げ、シンポジウムの討論でのべた論旨以上のことを展開するだけの力は持ち合わせていないが、ここでは最近目にふれた、この問題に関連する興味深い史料を紹介しつつ、考えるところを若干のべて、さきの論旨に補足を加えるとともに、大方の御参考に供しておきたいと思う。

二

国学院大学久我《こが》文書編纂委員会編『久我家文書』第二巻、六一四号（四五）、「洛中幷《らくちゅうならびに》山科郷《やましなごう》内地子《じし》銭等覚書案《せんとうおぼえがきあん》」（以下、「覚書案」と略称する）は、この論点に関わる注目すべき内容を持っている。

この文書は編者によって「久我家領文書案」と題された冊子に書写されたものであるが、じつは三通の文書を合わせ写した覚書である。第一の文書は、「京都地子《じし》共《ども》之事《こと》」と「勢多《せた》分所々事」の二つの部分からなり「京都地子幷勢多分所々注文」とでも題すべき文書で、これにつづけて、天文《てんぶん》十七年（一五四八）九月十一日、「小坂量治山城《やましろ》国山科郷内勢多分年貢等注文」、さらに天文二十一年（一五五二）十一月六日、「海老名又四郎山科野村郷内勢多分乙安名公用注文」と第二、第三の文書が書かれており、編者はこれら三通の文書を一括して「覚書案」と題したのである。

この三通の文書のうち、第一の「京都地子共之事」を除くと、第一の文書の大半、第二、第三の文書がすべて「勢多分」に関わる内容を持つことから見て、これらの文書がこのような「覚書案」として一通にまとめられたのは、「勢多分」の所領とその年貢・地子の実状を明らかにするためだったとして間違いない。

そして天文二十一年（一五五二）五月十四日、第一の注文のなかに見える久我家領三条町寺木居住分并相拘敷地について、「勢多約諾」と号して地子銭が沙汰されないとする同家雑《ざっ》掌《しょう》の訴えを認めた室町幕府奉行人《ぶぎょうにん》連署奉書《れんしょほうしょ》（『久我家文書』六〇四号・六〇五号、以下『久我家文書』は文書番号のみ記す）が発せられていること、また同年月日で、「勢多分諸公事物事」について、細川氏綱・同勝賢の中間《ちゅうげん》・小者《こもの》等が「諸役免除」と称して役銭を難渋することを「太無謂」とした折紙《おりがみ》の奉書（六〇六号）が「勢多分所々百姓中」充に発給されていること、さらに同年七月の十三日、同じ充所で、地子銭・役銭を「代官徳分」と号して、折中、収取しようとする多羅尾左近大夫の妨を退け、雑掌《ざっしょう》にこれらのすべてを渡すことを命じた奉行人連署の折紙奉書（六〇七号）が出ている事実と、「覚書案」の第一の文書に「勢多分半分多羅尾押領」とある点とを考え合わせると、この「覚書案」が「多羅尾、為家門雖不申付、押而号代官、押領」といわれた多羅尾左近大夫との相論をはじめとする「勢多分」の違乱に関連して作成されたことも、また明らかである。

では、ここで「勢多分」といわれているのは、いかなる所領なのであろうか。検非違使中原氏の一流に、勢多を名字の地とする一族があることは、すでによく知られているが、「実《さね》躬《み》卿記嘉《か》元《げん》三年十二月巻紙背文書《しはいもんじょ》」に「勢多領」をめぐる章夏と章敏の相論をめぐる文書が二通、見出される。(3)「法家中原氏系図」(4)によってみると、章夏は中原章澄の子、章敏は章澄の兄章種の孫であり、この両者が争っていることからみて、「勢多領」に対する中原氏の知行が、章澄・章種の父章久にまで遡ることは間違いなかろう。そしてこの「勢多領」――近《おう》江《み》国勢多郷が、勢多氏の名字の地であることも確実で、章澄の曾孫左衛《さえ》門少尉《もんのじょう》中原章兼は建《けん》武《む》二年（一三三五）三月に「瀬田大夫判官章兼」、文和《ぶんな》三年（一三五四）七月には「勢多大夫判官」を名乗って紛失状に署判を加えており、(5)おそらくこの章澄流が、以後、勢多氏を称したものと思われる。

勢多氏の人としては、その後、文明《ぶんめい》九年（一四七七）に勢多判官章清を見出しうるが、(6)注目すべきは天文《てんぶん》四年（一五三五）九月十六日、勢多能満丸が、「覚書案」の第二、第三の文書に「山科郷内勢多分」として現われる(補注1)山城国山科郷内国衙《こくが》乙安名を虎菊という人と争い、幕府奉行人奉書によってその知行《ちぎょう》を保証されている点である。(7)「覚書案」に見られる「勢多分」が、検非違使勢多氏の所領であることは、これによって疑いない、といってよかろう。(8)

そしてそれが久我家領として現われる理由は、さきにあげた奉行人奉書（六〇四号）に、

「於勢多者、代々依為家来、被恩補之処」とあることによって、ほぼ明らかであろう。『地下《じげ》家伝《かでん》』の勢多治房の項に「久我殿家来、称勢多兵部御取立」と注記されていることも、これを裏づけており、(9) いつのことかは確定できないが、おそらく室町期、勢多氏は久我家の家来となり、その関係を通して久我家の手がこの所領に及ぶことになったものと思われる。(補注2) 当初は勢多氏自身がその代官だったのであろうが、「近年令無音」という状況のなかで、さきの相論が起こり、「覚書案」の文書が作成されたのである。とすると、われわれはここに、検非違使の所領の一部を知る手懸りを得たことになる。

すでに佐藤進一は、九世紀以後、「業務活動と収益とが直接かつ不可分に結び合わされる」官庁請負《うけおい》方式が現われてきたこと、中世の「職」の原型はそこに求められることを指摘、そのなかで「検非違使における職務の見返りとしての収益」については、「獄令に法的根拠を持つ官収の贓贖物《ぞうしよくぶつ》」がそれに充てられたのではないか、と推定している。(10) それは平安後期、検非違使の活動が十二分な実質を持ち、天皇の直属機関として使庁が重要な機能を果たしていた時期の状況であるが、この「覚書案」に現われるのは、十六世紀、すでに使庁の機能、検非違使の職掌が全くその実質を失って形骸化し、中原氏の一流勢多氏が高位の貴族久我家の「家来」となってその身を保たなくてはならなくなった時期の、検非違使の収入源となった所領の一部にすぎない。

しかしこの所領について分析を加えることによって、平安後期からここにいたるまでの検非違使の所領のあり方についても、解明の緒口がつかめるように思われるので、以下、「覚書案」の第一の文書に現われる個々の所領を検討してみることとしたい。

なお、天文年中から天正初年までに作成されたと推定される「久我《こが》家領年貢《ねんぐ》・地子銭《じしせん》等納《おさめ》帳《ちょう》」（六八八号、以下「納帳」と略称する）の末尾にも「勢多分事」という項目が立てられ、山科《やましな》郷国衙《こくが》年貢《ねんぐ》米《まい》、乙安年貢米、「地子ノ分」「同勢多分」等が記載されているが、ここで主として問題にする洛中の所領については、「覚書案」の方が所領数も多く、内容も詳細なので、「納帳」も参照しつつ、「覚書案」の記載に即し、順次考えていくこととする。(11)

三

（1）「獄門地四町々御霊御旅所のきわ也、地子銭地類可尋也」

ここに現われる「御霊御旅所《ごりょうおたびしょ》」は、寛文《かんぶん》五年（一六六五）刊の『京雀《きょうすずめ》』の「新町通」の項に「出水下ルごれうの町、いにしへこの町に御霊の御旅あり」と見えるが、『言国卿記《ときくにきょうき》』明応《めいおう》七年（一四九八）八月十八日条に「今日早旦《そうたん》ニ（中略）御霊参詣也、御リヤウ祭之間也、東向同近所ノ御タヒ所・下御霊《しもごりょう》被参了」「御霊一乱以後（中略）始テ今日御タミ所へ御出在之」などとあり、明応以前、すでにこの地にあったことを知りうる。(12) そして『京雀』が

「出水下ル」といっていることから見て、この「獄門地」が近衛南、西洞院西に位置した、左獄舎の旧地、獄門が東獄門であることは間違いない。

佐藤進一がすでに指摘している通り、天慶《てんぎょう》四年（九四一）の太政官符《だいじょうかんぷ》により、これ以前に獄舎が囚獄司の管轄から離れ、検非違使の管掌下に入っていたことは確実である。佐藤はそこからさらに進んで、平安後期の検非違使は「強盗窃盗を中心とする犯罪人の捜査逮捕によって贓物《ぞうぶつ》を、続いて彼らの罪刑の決定と執行によって贖物を入手」し、それを収入源としたと推測し、ここに「職務の執行が同時に収益をもたらすという新しい官庁運営方式」の一例を見出している。[13]

その獄舎の地そのものが、戦国期、検非違使の所領に帰していることは、まさしくその延長線上に位置づけることができるので、佐藤の見通しの的確さをよく物語っている。しかし、平安後期からここにいたるまでの獄舎とその囚人の推移については、まだ系統的に明らかにされていない。[補注3] いまそれを辿るだけの十分の用意はないので、注目すべき二、三の点のみあげるにとどめておきたい。

獄舎が九条南に設けられた悲田院《ひでんいん》に対称的な京の北辺に置かれ、左右衛門府《えもんふ》町、左右兵衛《ひょうえ》町、左右近町、そして使庁に近接していたことは、それ自体、注目に値するが、平安末期には大きくその位置を変えた悲田院とは異なり、[14] 左獄はもとより、右獄の場合も仁治《にんじ》二年（一二四一）、なおその存在を確認しうる。[15] しかし建久《けんきゅう》年中「西獄の囚人を以て、奥州夷《おうしゅうえみし》に給わんがため放ち遣《つか》わさる」といわれているように、(16)獄囚《ごくしゅう》を囚禁することは困難になっていたものと考えられる。もとよりその点は左獄も同様で、本来、獄令《ごくれい》で囚人に給付する衣粮、敷物、医薬等に充てられることになっていた贓贖物等が、検非違使や放免《ほうめん》のものになっていたとすれば、獄囚が国家の給付に依存できたはずはない。

天慶《てんぎょう》三年（九四〇）、中宮の病に当たって東西獄所に賑給《しんごう》し、(17)同五年、内給所の銭百貫文《ぜにひゃっかんもん》を東西飢饉疫疾の輩に分給したときも、「悲田料」とともに、左右京の一条料銭に「獄所料」が加えられており、(18)十世紀以後、獄囚も天皇家・貴族の賑給・施行《せぎょう》の対象となっていたのである。(19)そして天徳《てんとく》三年（九五九）十一月二十三日、藤原師輔《もろすけ》が囚人を召して、池井を掃治させているように、(20)獄囚も悲田院の窮者・病者と同様に、キヨメの仕事に携わるようになっていったものと思われる。

こうした獄囚の「非人化」は十一世紀以降、さらに進行し、文治《ぶんじ》五年（一一八九）四月十六日にも、清水坂二石、悲田院一石とともに、東西獄に各一石の施行が行われ、(21)すでに周知となった嘉元《かげん》二年（一三〇四）八月二十日の後深草《ごふかくさ》院の死に当たっての施行において、獄舎・大籠《だいろう》への施行は事実上、非人と同様に扱われている。(22)そしてここではなお明らかでないが「伏見上皇御中陰記」(23)文保《ぶんぽう》元年（一三一七）十月七日条に見られる施行のさいには、東悲田院・上悲田院、蓮台野、清水坂と並ぶ獄舎は、左獄があげられているのみであり、右獄はおそくともここまでに、廃絶したと見てよかろう。

こうした状況のなかでは獄囚の囚禁も十分行えなくなるのは当然で、仁平《にんぺい》二年（一一五二）五月十二日、近年、獄囚が獄中に禁じられず、下部の家にあるとの風聞を耳にした藤原頼長《よりなが》は、獄門に封を付して、獄囚を外に出さないようにさせているが、[24]おそらくこれが実情だったものと思われる。鎌倉前期の文書と見られる左囚守貞末丸申状《もうしじょう》[25]は、執行国末丸の「阿党」を訴えているが、そこで貞末丸が「東寺之強盗字矢太郎男」の「けこ《（警固カ）》」を命ぜられたとしつつ、「囚守等の習ハ七日間犯人をうしろみ候ひてあしく候へ、七日内ニ五日にても六日にてもきらひかへし候ハ、つねの例也」とのべている点に着目すると、このころには獄囚が囚守に預けられるのがふつうになっていると見てよかろう。

しかし獄舎そのものは、右獄廃絶後も左獄についてはなお維持されており、[26]獄囚に対する施行も南北朝期までつづけられ、例えば貞治《じょうじ》三年（一三六四）五月八日、禁中冥道供に当たって、初日は獄舎、第二日は非人、第三日は散所《さんじょ》非人に対する施行が行われている。[27]また応《おう》永《えい》八年（一四〇一）五月九日、紫野《むらさきの》今宮祭に当たって、侍所《さむらいどころ》所司代はその旅所を近衛西洞院獄門の内に構え、これを新儀とした中原康富は「彼獄内者囚人楼舎《ろうしゃ》之間、穢《え》所《しょ》争可構之哉、不審々々」とのべており、[28]この時期もなお獄舎のあったことを知りうる。とはいえ、すでにそれは侍所の管轄下に入っており、しかもそこに旅所が設けられた点から見て、その機能はもはやほとんど失われていたのではなかろうか。おそらく左獄もまた、まもなく廃絶したものと推測されるが、[29]その地については、かつての検非違使の職権が依然として生きつづけ、勢多氏の所領となっていったのである。これは職務と所領との結びつきを最もよく示す事例といってよかろう。

ただこの地については、「地子銭《じしせん》・地類《ちるい》可尋也」とあるように、その詳細は不明とされ「納帳」にも記載されていない。久我家はこの地子銭を結局は知行しえなかったのであろう。

（2）「仲人方《ちゅうにんかた》幷出《で》合方《あいかた》、仲人方の子方と申候て、下の者也
畠山之辻子《ずし》ニ仲人方之亭主為木津・辻両人、洛中さはき申候、両季公事銭《くじせん》出候由申候、一所より五十疋充之由申之」

これが「洛中傾城局公事《けいせいつぼねくじ》」あるいは「洛中傾城幷仲人方公事」であることは、後藤紀彦がすでに詳しく論述しており、[30] つけ加えるべき点はほとんどない。後藤は「仲人方」をのちの揚屋《あげや》、「出合方」を江戸時代の主に素人の男女の密会・売春宿「出合宿《であいやど》」に当てているが、後者は「仲人方」の「子方」として、一段、低く位置づけられている。

仲人はすでに中山太郎の指摘する通り、[31] 建暦《けんりゃく》二年（一二一二）三月二十二日の公家新制二十一条の「京中、中媒《ちゅうばい》と称する輩を停止すべき事」に「中媒」として現われ、その起源は平安期にまで遡るであろう。美女と偽り、身分の高い男と謀って男女の間をとり持ったこの

「下女」―中媒は仁治《にんじ》三年（一二四二）正月十五日の豊後《ぶんご》国守護大友《おおとも》氏の発した「新御成敗《ごせいばい》状」十四条(32)にも姿を見せ、京都のみならず、各地域で活動していたが、洛中の中媒はここにいたって、亭主木津・辻に統轄される「仲人方」という組織となっているのである。

大永《だいえい》八年（一五二八）まで、「傾城局」を営む仲人たちは「一所より五十疋充《ひきあて》」の公事《くじ》を検非違使勢多氏に納めており、この年、勢多氏に替わった久我家の被官竹内重信が「御公用年中仁拾五貫文充」の徴収を請負っていることから見て(33)、その数は三十ヶ所であったことを知りうる。問題は何故、また何時、検非違使が傾城＝遊女、仲人をその統轄下に置くようになったかであるが、いまは後藤とともに、これらの女性たちの活動の舞台が検非違使の管轄下にある洛中の道路、辻子、市等であったことにその淵源を求め、遊女、仲人の洛中への定着とともに、検非違使―勢多氏の公事徴収権が確立したとしておきたい。その時期は南北朝期以後であろう。

ただ、遊女が広く遍歴していた鎌倉期以前、畿内とその周辺の遊女を統轄していたのは、滝川政次郎(34)・後藤の指摘する通り、内教坊《ないきょうぼう》であった蓋然性が大きい、と私も考えるが(35)、これらの点についてはなお後考を期したいと思う(補注4)。

（3）「三条町西頬田地子之事　此内内侍所への燈明料在之、又此内寺木居住分、口七丈三尺、奥拾弐丈五尺九百廿四文此半分四百六十二文」

この地が前述した天文《てんぶん》二十一年（一五五二）の奉行人奉書（六〇四号）で地子銭の無沙汰を問題とされた「三条町寺木居住分幷相拘敷地」に当たることは明らかで、天文五年（一五三六）閏十月六日、小坂量治売券案（五四五号（一）・（二））に「勢多志先祖相伝之私領」といわれ、量治から寺木七郎次郎に、直銭三貫文で売渡された「三条町与西洞院間北頬」「三条町西頬」の屋地が「寺木居住分」に相当するもとの思われる。

勢多氏がこの地を「相伝之私領」とするにいたった理由は明らかでないが、その手懸りは地子の一部が「内侍所《ないしどころ》への燈明料」とされている点に求めることができる。中世の内侍所は他の内廷官司等とほぼ同じく、元弘《げんこう》三年（一三三三）五月二十四日、内蔵寮《くらりょう》領等目録[36]の「内侍所毎月朔日《ついたち》供神物月充国々」に見られる諸国への賦課《ふか》、正慶《しょうきょう》元年（一三三二）六月日、臨川寺領目録[37]の内侍所を本家とする近江《おうみ》国粟津《あわづ》橋本御厨《みくりや》のような荘園、正和《しょうわ》五年（一三一六）六月十七日、大乗院門跡御教書[38]に見える「越前《えちぜん》国三国湊《みくにみなと》内侍所日次供御料交易上分」の如き関所料、それに供御人《くごにん》などによって支えられていた。

ただ内侍所供御人がそれとして姿を見せるのは、管見の限りで、戦国期に入ってからのことで、応仁《おうにん》三年（一四六九）に「所々商売免除」を綸旨によって保証された平宗次、明応《めいおう》五年（一四九六）の綸旨、細川政元書状等により「在々所々商売諸公事」の免除を保証された今江加賀守平祐光等の内侍所供御人の存在を確認することができる。(39) 今江祐光はこの年、さらに幕府によって「酒屋土倉《どそう》諸課役」を免除され、(40) 文亀《ぶんき》元年（一五〇一）には、祐光の子息かと推測される今江九郎左衛門尉《じょう》も同趣旨の奉行人《ぶぎょうにん》連署奉書《れんしょほうしょ》を与えられている。(41) 永正《えいしょう》五年（一五〇八）、さきの祐光の子息として諸役を免除された兵庫助祐宗がこの九郎左衛門尉であろう。(補注5)

内侍所供御人はもとより今江氏のみではなく、大永《だいえい》二年（一五二二）九月二十九日には沢村泉千代という人が祐宗とともに、諸役免除を認めた細川高国下知状を与えられているが、注目すべきはその充所が内膳民部大輔《ないぜんみんぶのたいふ》であったことで、同じ年の正月二十一日、十月十五日の綸旨も内膳司正充（ママ）、遡って永正《えいしょう》七年（一五一〇）の幕府奉行人連署下知状も内膳少輔、明応五年（一四九六）の綸旨も内膳司正《かみ》に充てられているのである。

この事実と、内膳司にも属していた粟津橋本供御人の根拠地の御厨の本家が内侍所であったこと、前述した正和の三国湊の交易上分の流れをくむと見られる「越前国三国湊下地《みくにみなとしたじ》并廻船交易船方諸公事関所等」について、応永《おうえい》二十一年（一四一四）三月、内膳司清宣が中状を書いている点(42)などを考え合せると、内膳司と内侍所およびその供御人とが不可分の関係にあったことは明らかである。おそらく内侍所供御人は本来、海民的な生魚売だったのではなかろうか。

しかし戦国期の内侍所供御人は、すでに酒屋土倉役の賦課対象にもなるような洛中の有力商人であり、天正《てんしょう》二年（一五七四）六月十三日には、「五畿内《ごきない》幷《ならびに》洛中《らくちゅう》洛外《らくがい》諸商売人問《とい》丸《まる》、並びに断紙・鉄公事等」について、堺津・尼崎に関わる内侍所供御人沙弥蓮證の権利を認めた正親町《おおぎまち》天皇綸旨《りんじ》が発せられている[43]ことからも知られるように、大きな権益を持つ商人となっていたのである。

　これについては、なお考えるべき問題はあるが、当面の問題について、ここで明らかにした内侍所供御人の実態と、後述する（4）・（5）のように、供御人の居住地が検非違使の支配下に入った事実とを考慮すると、勢多氏の「相伝の所領」となったこの三条町の屋地は、本来、洛中を中心に活動した内侍所供御人の根拠とした地だったと見るのが、最も自然と私は考える。

（4）「三条釜座《かまざ》町両季地子《じし》事

片季分
三貫三百七十二文之由申候、能々可相尋候、巷所分四百文也、此半分弐百文、茨木伊賀守へ、竹又可出之由申候

此半分壱貫六百八十五文出申候」

三条釜座が、平安時代末期以来、蔵人所《くろうどどころ》燈炉以下鉄器物供御人《くごにん》といわれた鋳物師《いもじ》集団のなかで、京中にその本拠を持つ人々の座であり、鎌倉後期からその存在を確認しうること[44]は

周知の通りである。このように釜座を形成した鋳物師集団は、蔵人所を通じて天皇に直属していたのであるが、[45] その根拠とした三条町の地自体が天皇直領として検非違使の支配下に置かれ、勢多氏の相伝する所領になっていったことを、この史料によって確認することができる。

(5)「六角町地子
片季分
壱貫九百八十五文の由申候、可相尋者也
此半分九百九十二文出申候」

この場合も(4)と同様で、六角町には建久《けんきゅう》三年(一一九二)以来、近江《おうみ》国粟津橋本供御人が四宇の売買屋を与えられており、この人々は御厨子所《みずしどころ》預《あずかり》紀氏の支配下にあって、生魚や鳥の売買を営み、六角町四宇供御人といわれた。[46] このように売買屋と供御人は御厨子所を通じて天皇の支配下にあったが、その地自体はやはり天皇直領として検非違使の知行下に置かれていたのである。そして検非違使のなかで、粟津・橋本に近い勢多にその名字の地を持つ勢多氏が、この地を私領とするようになったのは自然の成行きであり、そう考えると、さきの三条町の屋地を内侍所供御人と関連させた推定も、その蓋然性はさらに大きくなると

いってよかろう。(47)

(6)(祓)「四条河原者木屋拘《きやかかえ》分

秡田《はらえだ》　助四郎与弥五郎与代官相拘、何も御庭之者也　八十疋の由、但、夏三百文、冬五百文出也　百姓申之　能々可尋候也

両季地子　参貫文由申之、木屋拘、能々可尋候也

片季分壱貫五百文　此半分七百五十文出申候」

「納帳」によると「四条河原　七百五十文　与《木ヤ》七郎かゝへ」とあり、ここに「両季地子」とあるのは祓田《はらえだ》の地子ではなく四条河原の地子であり、「納帳」に「同はらい田　百五十文但、十二月分ハ二百五十文出」とあるように、祓田の地子が夏三百文、冬五百文だったものと思われる。

古くから葬送の場であり、処刑も行われ、南北朝以降、田楽《でんがく》などの芸能がさかんに催されて、桃山時代には「四条河原遊楽図《しじょうがわらゆうらくず》」でよく知られているようなにぎわいを見せた四条河原には、室町・戦国期には若干の田地もひらかれていた。こうした河原に開かれた田地に河原者、御庭者《おにわもの》が関わっているのは、一般的に見られることで、文明《ぶんめい》十六年（一四八四）十二月十八日、崇徳院《すとくいん》領の河原田一段について、店屋新次郎が四条河原妙正より買得したところ、河原者小川次郎が妙正の孫と称して押領したといわれ、(48)天文八年（一五三九）五月七日、西

法勝寺領内二条河原田地一町の代官職について、御庭者岩次郎と棟梁《とうりょう》左衛門九郎が争っており、(49) 同年六月十七日、棟梁辨慶次郎左衛門宗安は「洛陽東河原敷地」について、「下作百姓内河原善阿弥《ぜんあみ》」の本役《ほんやく》無沙汰を訴えている。(50)

注目すべきはこのうちの二例に「棟梁」が関係していることで、この四条河原の場合も「木屋」「木屋与七郎」の拘えであった。高瀬川開鑿《かいさく》以前、すでに鴨河辺に木屋があったこと自体、注意しておかなくてはならないが、この「棟梁」を番匠《ばんじょう》のそれであるとすれば、建築に関わる材木を扱う木屋、番匠が河原および河原者と深い関わりを持ちつつ、検非違使とも関係していた事実をここに明らかにしえたことになる。すでに清田善樹によって詳細に追究されている通り、(51) 平安後期以来、検非違使は材木の点定・検封を行い、材木商人、木屋、さらに修理職《しゅりしき》・木工寮《もくりょう》とも関わりを持っていたのであり、戦国期のこの事態もその延長線上に置いて考えてよかろう。(52)(補注6)

一方、ここでいずれも「御庭之者」である「助四郎与弥五郎与代官相拘」とされている祓《ぶ》田については、別の機会にふれたように、(53) 大永《だいえい》元年（一五二一）十二月三十日の室町幕府奉行人連署奉書《ぎょうにんれんしょほうしょ》案(54)によって、その状況を知ることができる。この奉書によると、禁裏御庭者《きんりおにわもの》小法師《こぼうし》小五郎が給恩として与えられている祓田の、百姓十五人夫役と段別二十両の白砂を、百姓たちが無沙汰したのに対し、幕府は先例に任せてこの課役を勤めるべきこと、もし違背した場合は下地を召し放つことを、小五郎より百姓たちに堅く下知《げち》を加えよと、瀬田孫左衛門に充てて命じているのである。四条河原の祓田が御庭者＝河原者に給恩として「禁裏」から与えられており、そこを耕作する百姓たちが夫役と白砂とを課役《かえき》として御庭者に弁ずる義務を負っていたという、見逃し難い事実をここに明らかにすることができたことになるが、(補注7)こうした御庭者に幕府の命を伝達する立場にいたのが、瀬田《せた》氏＝勢多《せた》氏であったことも、これによって確認することができる。

「覚書案」のときには、この小法師《こぼうし》小五都に当たる御庭者が助四郎・弥五郎であり、「納帳」では木屋与七郎だったことになるが、(55)さらに永禄《えいろく》四年（一五六一）六月の野依次郎左衛門尉申状(56)に副《そ》えられた、四条御庭者五郎次郎男買得田地目録のなかには、在所宮本の勢多領三段半、在所金剛勝院内の赤社ハライ田大があげられており、(57)勢多氏と祓田、御庭者との密接不可分な関係を物語っている。

こうした戦国期の勢多氏と河原・河原者の関係が、鎌倉期以前の検非違使による河原、さらに非人、河原者の集団自体に対する支配・統轄に淵源を持っていることは、もはや贅言《ぜいげん》を要しないであろう。たしかに勢多氏はこの時期になれば、それを知行し切ることができなくなっているとはいえ、この「覚書案」の語る状況のなかに、かつて検非違使として河原者を統轄していた勢多氏の面影を読みとることは、なんの不自然もないといってよかろう。

（7）「七条せう（塩カ）の小路𠔥針小路弐百文之由、此半分十疋出月地子壱ケ月弐拾疋充の由申之、猶能々可尋候也」「納帳」には針小路しか見えず、「地子ノ分」に入れられているが、月別二百文という小額で、地そのものの位置も定められていない。あるいはこれは小路それ自体に関わる地子とも思われ、検非違使の道路に対する支配に淵源を持つとも考えられるが、負担者の問題など、不明な点が多いので断定は避けておきたい。[補注8]

　洛中の勢多分の所領は以上の通りであるが、このほかに山科野村郷の国衙《こくが》分と乙安名にも「勢多分」を見出しうる。この地に勢多氏が関わるようになった経緯は明らかでないが、山《やま》科郷《しなごう》が内蔵寮《くらりょう》と密接な関係を持ち、平安末期、山科小野郷に郷司《ごうじ》兼供御《くご》人散位《にんさんい》藤原経成があり、この地が貢御所といわれている点[58]から見て、天皇家直領であったことは確実で、勢多氏もやはりその線からここに所領を保持するようになったのであろう。

　もとより勢多氏は、ここで検討してきた久我家領となった「勢多分」以外にも所領を持っていた。なによりその名字の地は近江国勢多郷であったが、勢多郷大萱には摂関家の雑色《ぞうしき》として天皇家の鷹飼を世襲した下毛野《しもつけの》氏＝調子氏の左散所領の一部があり[59]、粟津橋本供御人の免田もあったと推定され、この郷は紛れもない天皇家の直領であった。「政所賦銘引付」文《ぶん》明《めい》九年（一四七七）十二月八日条に、勢多判官《じょう》章清を本主とする摂津《せっつ》国石占村が見られるが[60]、これもおそらく同様の性格を持っていたに相違ない。

こうした勢多氏の所領、さらには他の検非違使諸流の所領については、今後なお探索に努めたいと思うが、さし当たり、ここで検討してきた勢多氏の所領の一部をもってしても、検非違使の所領の特質を考える上に十分な材料となりうると考えるので、以下、それをまとめてみることとしたい。

四

検非違使―勢多氏の所領全体が共通して天皇直領としての性格を持っていたことは、すでに指摘してきたが、それを一応分類し、まとめるとつぎのようになろう。

まず、検非違使の職務遂行そのものに即して所領が形成された、(1)の獄門地および(6)の河原をあげることができる。河原はもとより、獄門もまた「境界領域」としての特質を持つ地であり、洛中におけるこうした地は、鎌倉・南北朝期までは天皇支配権の直下に置かれ、その直属官庁である使庁の管轄下にあり、検非違使の職務遂行の場であった[61]。しかし使庁の機能が室町幕府の侍所に奪われるとともに、検非違使を世襲する勢多氏をはじめとする諸流は、本来、得分を期待しえない「無主」の地であったこれらの場に形成された耕地、屋地等を、その所領として確保することによって、自らの立場を保ったのである。

（7）の塩小路・針小路が小路――道路そのものに対する支配から生じた所領であるとすれば、もとよりこの種の所領と見てよかろう。

つぎにこのような地――「境界領域」で生活し、あるいはそこを専ら生業の場としていた人々の集団がそれ自体所領となった場合で、（2）の仲人方・出合方―仲人、遊女の場合はまさしくそれに当たる。これに対する賦課が、地子でなく、公事の形態をとっていることは、検非違使による洛中の遊女に対する支配が、土地ではなく、人的集団に対する支配であったことを明白に物語っている。

しかしそれだけでなく、河原に形成された耕地・屋地を媒介とした勢多氏と河原者・御庭者との関係にも、鎌倉期以前の検非違使の河原者、乞食非人に対する支配が継承されていることも間違いない。そして室町・戦国期の河原者が「禁裏《きんり》御庭者」「仙洞《せんとう》御庭者」「公方《くぼう》御庭者」などのように、天皇・公方に直属していることは、この人々が鎌倉期以前にも天皇支配権の直下に置かれていたことを示しているといってよかろう。もとよりこの時期の非人・河原者のなかに、祇園社の犬神人《じにん》―清水坂非人や、東寺の散所《さんじょ》法師―散所非人のように、特定の寺社に寄人《よりうど》・神人として所属する集団があったことは事実であるが、検非違使庁の公役催促権は鎌倉・南北朝期まではこの人々の上にも及び、室町期以降もそれは侍所に継承されたのである。[62]そしてこうした権限を失った検非違使は河原に対する支配だけでなく、河原者・非人自体に対する支配を通して、さきのような所領を確保したものと思われる。

さらにもうひとつのタイプの検非違使の所領は、(3)・(4)・(5)のように、内侍所《ないし》・蔵人所《くろうど》・御厨子所《みずし》などの機関を通じて天皇に直属する京中の供御人《くごにん》の「屋」の所在する「地」であった。勢多氏の場合、それが三条以南の町尻小路《まちじりこうじ》に集まっていることは、あるいはその名字の地が勢多であったことと関わりがあるかもしれない。

ただ、供御人がそこに「屋」を設けたことから、その地が検非違使の管轄下に入ったのか、当初から天皇直領として検非違使の掌握していた地に供御人の「屋」が建てられたのかについては、なお検討すべき余地が残っている。また清田が明らかにしたような洛中における供御人・商人等に対する使庁の課役徴収権、裁判権(63)が、こうした所領の形成される上で寄与していることも間違いないと思われるが、その具体的なあり方の解明は今後を期したいと思う。

またこれらの洛中の所領に加えて、京都以外の山科郷、勢多郷などの所領があるが、そこにはいずれも、供御人、下級官人の所領が混在しており、こうした所領は当初から天皇家の直領で、それが給恩として検非違使諸氏に与えられたのであろう。その範囲はおそらく畿内に近江《おうみ》・丹波《たんば》を加えた地域(64)に及ぶものと思われるが、勢多氏がすでに鎌倉後期にその名字を名のっている点から見て、前述した三つの型の所領に比べると、こうした所領が最も早く検非違使の所領として成立したものと見てよかろう。

第三のタイプ——供御人の「屋」の所在する「地」がそれにつぎ、第一、第二のタイプ

——「境界領域」的な特質を持つ「地」の地子、あるいは人的集団からの公事が私領化するのは最も遅れ、おそらく南北朝動乱をこえて、室町期に入ってからではないかと思われる。

このほか、正親町《おおぎまち》・高倉《たかくら》・近衛《このえ》など、洛中の地名を名字とし、佐渡・豊前《ぶぜん》等の国名を名字とする検非違使中原・坂上諸氏(65)の所領についても、今後、追究してみなくてはならないが、ここで検討した勢多氏—検非違使の所領が、その職掌の遂行のなかで、職務に対する見返りとして形成されたという特徴を、ほぼ共通して備えていたことは確実である。前述したように、佐藤進一の指摘は正確にこの点を見通しているということができる。

しかしこのような検非違使の所領のあり方は、最初にふれた非人・河原者に関する論点にも、無視し難い関わりを持ってくるといわなくてはならない。

五

古代末・中世の非人・遊女を「化外《けがい》の民」あるいは「国家の支配体制の枠外」にある人々とする見方は、依然として強調されており、また非人を「身分外の身分」、「体制的な諸社会集団」社会体制の秩序から、「疎外」「忌避」「排泄」された存在と規定する見解も、なお主張されている。

前者の見方に立つ脇田晴子(66)は、非人については、ある時期以後——都市内に居住するようになると検非違使の管轄下に組み込まれたとしているが、[67]遊女、傀儡子《くぐつ》については大江匡房《おおえのまさふさ》の記述に従って、やはり「化外の民」としている。しかし後藤紀彦も詳述している通り、遊女・白拍子《しらびょうし》は「公庭之所属」といわれ、平安後期にはすでに内教坊《ないきょうぼう》と推定される官司《かんし》の統轄下にあり、傀儡子にしても同様の方向で考えうるので、[68]やはり「法外」の存在とはいい難い。前述したように、それは室町期以降の検非違使による洛中の遊女の支配の事実によって、さらにいっそう、明らかになったといえよう。

そして戦国期の河原者が、たしかに河原や道などの「境界領域」ではあるとはいえ、田畠を保持し、しかも百姓から夫役《ぶやく》や白砂を徴収する立場に立つこともあった点には、とくに注目しておく必要がある。それは「賤視」の問題と土地所有とは、次元の異なる問題であることを明らかに示している。

そこに「穢」に対する忌避の観念の社会への浸透が作用していることは、すでに明らかにされつつあることであり、黒田俊雄がさきのように、社会体制の秩序からの「疎外」「忌避」を強調する理由もまたその点に関わることと思われる。[69]しかし非人や遊女・傀儡子は、たしかに公民、平民百姓を基盤とする「社会秩序」とは異質の存在ではあるが、決して社会秩序の全体から「忌避」されていたわけでも、国家全体の枠外に置かれていたわけでもない。[70]

清水坂の非人が、一方で感神院犬神《かんじんいんいぬじ》人《にん》であり、山門西塔釈迦《しやか》堂寄人《どうよりうど》であったように、[71]これらの人々は神、仏、さらに神とみなされる天皇に直属する存在であり、その点で一般平民とは区別され、異質の存在とされていたのである。(72)

そして中世前期――少なくとも鎌倉期まで、遊女・傀儡子は決して賤視されていたわけではなく、むしろ天皇に直属する形で宮廷に出入りしていたのであり、非人もまたこの時期には聖なる存在として畏れられた一面が確実にあったのである。それは基本的には天皇、神仏に直属する供御人、神人、寄人と同質の存在であった。(73)この点に着目して非人も「職人」身分と、以前規定したのであるが、さらにそれに付言すれば、中世前期の「職人」身分は、このように天皇、神仏など「聖」なるものに直属することによって、自らも平民と異なる「聖」なる存在としてその職能――「芸能」を営んだ点に、その重要な特質があるといえよう。

しかし南北期の動乱を境に、天皇、神、仏の権威が低落し、権威の構造、そのあり方自体が大きく転換した結果、中世後期以降の供御人、神人、寄人のあり方も大きな変動を蒙った。そしてそのなかの一部―実利の世界に転生することが難しく、「聖」なるものに依存する度合の強かった人々が賤視の対象となっていくのである。(74)

検非違使の地位の低下自体、天皇の権威の低落の結果であることはいうまでもないが、そのなかで自らの立場を保つため、検非違使はかつてその職掌を通じて掌握してきた地や人的集団を私領化し、そこから実質的な得分―実利を確保するほかなかったのであり、戦国期にはそれすら困難になりつつあった。そして、すでにその職能それ自体が賤視の対象になりつつあった遊女や河原者、非人たちは、その職能伝説のなかにかつての権威の残映を抱きつつ、現実の社会でも低落した権威になお依存して、その営業、職業の保障を得ることになっていった。

勢多氏の所領は、こうした落魄《らくはく》した権威と、それに依存しつづける被差別民の姿を、まざまざとわれわれに伝えているといってよかろう。しかしこれよりさらに低落しつつも、天皇、神、仏の権威は江戸時代を通じて生きつづけ、それらと被差別民——その差別された立場を固定化されるにいたった人々との関係も、またこの間を通じて保たれつづけたことは事実である。それは、さきの南北朝動乱の前後の社会と、それを統合する権威の構造の大きな転換のあり方にも深く関わっており、この転換のあり方をさらに追究することによって、この事実の意味を解明する道がひらかれてくるものと、私は考えている。

こうした見方に対し、天皇を特殊化し、過大に評価するものという批判もあろうが、このこと——社会の転換後も天皇の権威がともあれ存続しつづけたことの持つ重い意味を明らかにすることなしに、前近代史の研究者は、現代の天皇の問題に肉迫することはできないのではあるまいか。実際、天皇、天皇制について、根本的な批判の発言をすること自体に対する権力の圧迫が、次第に強まりつつある現在、この課題に正面から立ち向かい解決することは、われわれにとって、よりいっそう、緊急かつ重要になってきているのではなかろうか。

しかしそのための仕事、とくに中世、近世の天皇をめぐる諸問題の実証的、科学的な研究は、まだ始まったばかりといわざるをえない。戦後の歴史学の主流がそのためにどれほどのことをしてきたか、虚心に研究史を点検するならば、もとより私自身を含めてその怠慢と成果の貧しさは明らかであろう。

たしかにわれわれは、いま貧困な力しか持っていない。しかし貧しいことは決して悪いことではない。それは広大な未開の荒野を開拓する若々しさと勇気の源泉であり、保証でもあるからである。

私は、今後ともその課題の解決に向かって、さらに努力をつづけたいと思うが、本稿もまた、そのためのごく小さな試みのひとつとして、大方のきびしい御批判をいただきたいと思う。

注

(1)「部落問題研究」七八号、一九八四年。
(2)同右、二七〜三〇頁。
(3)年未詳八月二十六日、左衛門督北畠師重書状。九月二十一日、同書状。
(4)今江広道〈法家中原氏系図考証〉「書陵部紀要」二七号、一九七六年。
(5)「大友文書」建武二年三月日、三聖寺嘉祥庵院主處英文書紛失状、及び「東寺百合文書」イ函四五号、文和三年七月日、法印真聖敷地券契紛失状。章兼の父は章房。後醍醐に殺された章房の敵を章兼が討った話は有名である。『八坂神社記録』一、観応元年六月七日、八日条に見られる「勢多判官」も章兼であろう。またその子章頼も「勢多大夫判官」とよばれ、「東寺百合文書」の函二三号（9）、貞治六年九月十四日、検非違使庁官人勢多章頼施行状案、同日、検非違使庁諸官評定文に姿を現わす。

(6)「政所賦銘引付」文明九年十二月八日条（桑山浩然『室町幕府引付史料集成』上巻、近藤出版社、一九八〇年所収）。

(7)「京都御所東山御文庫記録」。

(8)「勢多文書」はこの家に伝わる文書で、祇園社関係の所領に関わる検非違使としての活動に伴う文書を伝えており、勢多氏は鎌倉末・南北朝期には祇園社の寄検非違使だったものと思われる。

(9)『地下家伝』九、検非違使に、勢多氏の系譜があり、章房・章兼父子をあげている。治房は元亀・天正ごろの人。

(10) 佐藤進一『日本の中世国家』岩波書店、一九八三年、第一章第二節。

(11)「覚書案」は一つ書をすべての所領に付しているが、「納帳」によって勢多分がどの範囲をさすかが判明する。また「覚書案」では、その所領の地子の半分が久我家の収入となっていることが示されているが、「納帳」は同じ半分の額の地子を記している。多羅尾の押領したのは、この「勢多分半分」で、のこる半分は勢多氏自身が知行していたのではなかろうか。

(12)『日本歴史地名大系27　京都市の地名』平凡社、一九七九年、中御霊町の項など参照。

(13) 注（10）参照。

(14) 拙稿「古代・中世の悲田院をめぐって」（北西弘先生還暦記念会編『中世社会と一向一揆』吉川弘文館、一九八五年、本書第Ⅰ部第二章）でこの点について考えてみた。

(15)『春日社神事日記』仁治二年十一月九日、中臣祐胤解状に「仰使庁、召取重道以下犯人、被禁固左右獄舎」とある。

(16)『吾妻鏡』建仁二年三月八日条。

(17)『貞信公記』天慶三年六月二十七日条。

(18)『本朝世紀』天慶五年四月九日条。

(19)丹生谷哲一〈中世における非人施行と公武政権〉「大阪教育大学歴史研究」一七号、一九八〇年（『検非違使』平凡社、一九八六年所収）参照。

(20)『九暦』同日条。

(21)『愚昧記』同日条。

(22)『公衡公記』第四。

(23)『群書類従』第二九輯、雑部。

(24)『宇槐記抄』。

(25)『醍醐寺文書』二三函下、「利帝十五童子尺」紙背。年月日未詳、後欠なので、文意が十分通じないところがあるが、「去二月廿二日比」の東寺の強盗についてふれている点から見て、おそらく建保四年（一二一六）の文書と推定される。

(26)『民経記』二、寛喜三年三月十三日条に「獄囚等依無食疲極事尤不使、可尋沙汰之由被仰別当」とある点など参照。獄舎が検非違使別当の管轄下にあったことを、これによっても知りうる。獄囚に対する食料は、建久二年三月二十八日の公家新制二十四条に見られるように、官田地子を獄囚米に当てることになっており、このとき「元暦符」に任せて遵行すべきことが命ぜられ、寛喜三年十一月三日の新制、弘長三年八月十三日の新制でもその励行が強調されているが、文永十年九月二十七日の新制にいたってこの条は消え、検非違使による獄中非違の巡察のみが規定されるにとどまっている。
(27)『門葉記』、注(19)前掲丹生谷論文参照。
(28)『康富記』同日条(この史料については山本幸司氏の御教示を得た)。
(29)この点については、なお探索の余地が残されている。
(30)後藤紀彦〈立君・辻子君——室町時代・京洛の遊女たち——〉「週刊朝日百科　日本の歴史　中世I——③遊女・傀儡・白拍子」朝日新聞社、一九八六年。
(31)中山太郎『賣笑三千年史』春陽堂、一九二七年、三六二〜三六四頁。
(32)佐藤進一・池内義資編『中世法制史料集　第一巻　鎌倉幕府法』岩波書店、一九五五年、追加法一八五条。
(33)注(30)前掲、後藤論文にも掲げられている、大永八年六月二日、久我家洛中傾城局公事職補任状。なお、これら「角屋」に所蔵される文書が偽文書といえない点についても、後藤論文参照。
(34)滝川政次郎『江口・神崎』至文堂、一九六五年。
(35)網野善彦「中世の旅人たち」『日本民俗文化大系　第六巻　漂泊と定着』小学館、一九八四年、『日本論の視座』小学館、一九九〇年。
(36)「宮内庁書陵部所蔵文書」。
(37)「天竜寺文書」。
(38)「大乗院文書」(『小浜・敦賀・三国湊史料』福井県立図書館、一九五九年所収)。
(39)群馬大学図書館所蔵「新田家旧蔵文書」(この文書については、後藤紀彦氏の御教示によって知りえた）。
(40)『蜷川家文書』二、三一四号、明応五年十一月二十四日、幕府政所執事伊勢貞陸加判奉書案。
(41)「新田家旧蔵文書」以下同じ。
(42)「京都御所東山御文庫記録」甲七十。
(43)「真継文書」（名古屋大学文学部国史研究室編『中世鋳物師史料』法政大学出版局、一九八二年所収）一七〇号。
(44)『豊田武著作集　第二巻　中世日本の商業』（吉川弘文館、一九八二年）九四頁に紹介されている正応二年卯月二十一日、三条町釜座弥藤三請文がその最も早い所見である。
(45)燈炉供御人については、『中世鋳物師史料』〔注（43）前掲〕および拙著『日本中世の非農業民と天皇』岩波書店、一九八四年参照。
(46)注（45）前掲、拙著参照。
(47)粟津橋本御厨が内侍所領であったことを考えればこのようにいえるであろう。
(48)「政所賦銘引付」（桑山浩然編『室町幕府引付史料集成』上巻所収）。
(49)「披露事記録」（同右所収）。
(50)同右。
(51)清田善樹〈検非違使の支配地域と裁判管轄〉「年報中世史研究」創刊号、一九七六年。
(52)『京都の歴史４　桃山の開花』（京都市、一九六九年）五一一頁以下に木屋町筋の叙述があり、四条木屋町辺を下樵木町といったと指摘されているが、それは戦国期まで確実に遡る。なお四条河原については、『近世風俗図譜５　四条河原』（小学館、一九八二年）に収められた、横井清「生活文化史のなかの『四条河原』」、河野元昭「四条河原図の成立と展開」、服部幸雄「河原の芸能と見世物の諸相」、鎌田道隆「かぶき者とその時代」、川嶋将生「中世賤民の生活と芸能」など参照。

(53) 網野善彦「中世『芸能』の場とその特質」『日本民俗文化大系　第七巻　演者と観客』小学館、一九八四年。前掲注(35)『日本論の視座』。

(54) 「華頂要略門主伝」二三(『大日本史料』第九編十三、四五六頁所収)。この御庭者小五郎は『蜷川家文書』二、四四六号、永正十五年五月二十日、幕府奉行衆意見状案に現われる「河原者小五郎」であろう。

(55) 「覚書案」に「四条河原者木屋拘分」とあるのをそのままに読めば、木屋自身が河原者ということになる。その可能性も決してないわけではないが、これについては断定を避けておきたい。

(56) 「賦引付(永禄四辛酉)」(桑山編、前掲書所収)。

(57) この目録には、このほかに「二条ノ道面」、「カマヘカ図子南ノ口」などが見え、河原者の保持した田地の性格をうかがうことができる。

(58) 京都大学所蔵「兵範記保元二年冬巻裏文書」保元元年十一月二十三日、山城国貢御人藤原経成解(『平安遺文』六巻二八五八号)。

(59) 「調子文書」明徳元年十一月二十二日、室町幕府管領奉書に「近江国勢多郷大萱内左散所入免□□并代官給」とある。

(60) 桑山浩然編、注(48)前掲書所収。

(61) 丹生谷哲一〈検非違使とキヨメ〉「ヒストリア」八七号、一九八〇年(注(19)前掲、『検非違使』所収)、網野善彦〈中世身分制の一考察〉「歴史と地理」二八九号、一九七九年、本書第Ⅰ部第一章。

(62) 網野善彦『中世東寺と東寺領荘園』東京大学出版会、一九七八年、第七章第二節。
(63) 注(51)前掲、清田論文。
(64) この地域は中世のいわば「首都圏」に当たり、供御人、下級官人の所領、給田等が分布していた。注(45)前掲、拙著参照。
(65) 洛中の地名はおそらくその居宅の所在地、国名は受領の官途によるものと思われる。
(66) 脇田晴子『日本中世都市論』東京大学出版会、一九八一年、「中世被差別民の生活と社会」部落問題研究所編『部落の歴史と解放運動』前近代篇、一九八五年。
(67) ただ脇田は散所非人が「もともと国家の支配体制の枠外に存在した」ということを前提にしているが、この「もともと」が何時ごろのことなのか、後者の論稿でも明らかにされていない。なお脇田のこうした見解に対する私見は、注(45)前掲拙著、第一部付論三で詳述した。
(68) 注(30)前掲、後藤論文および、後藤の同じく「週刊朝日百科　日本の歴史　中世Ⅰ――③」所収の〈遊女と朝廷・貴族――中世前期の遊女たち〉にこの点が鮮やかに指摘されている。なお注(35)前掲拙稿でも同じ論点に言及した。
(69) 黒田俊雄「中世における個人と『いえ』」『歴史学の再生』校倉書房、一九八三年。
(70) 黒田は私の見方を「中世的な農業社会を『縁』の原理の世界ととらえ」、非農業民の世界に自由な「無縁」の社会を見出し、「いえ」＝自立的主体論にいわば裏側から対応した」と批判されたが、拙稿「日本中世の自由について」(『中世再考――列島の地域と社会――』日本エディタースクール出版部、一九八六年、所収)でものべたように、この批判は的はずれとしかいいようがないので、その当否は読者の判断にゆだねるほかない。また、黒田はこうした視点から私の視点には、脱落、排除、疎外の

「構造」の論理を欠くと批判されるが、この批判は黒田が平民の共同体を基盤とする秩序のみを「社会秩序」とみなし、しかもそれをあたかも近代的な社会、国家の秩序のような緊密なものと考えるところからでてくるように思われる。平民の共同体から忌避され、脱落し、あるいは積極的に脱出した人々は、たしかにその「共同体からの自由」を獲得しているが、しかしここに見るように、天皇、神仏等に直属する人々の別の「社会秩序」の中に組み込まれていく。そこに権力の柔軟な狡智の働く余地が出てくるので、黒田の見方からはその点が欠落し、ひいては天皇の役割に対する軽視を生み出す、と私は考えている。

(71) 「八坂神社文書」文和二年五月日、犬神人等申状案、「八坂神社文書」「北風文書」年月日未詳、清水坂者申状。後者には「山門西塔院転法輪堂寄人、祇園神社犬神人」とある。前者で犬神人たちは自らを「檀供寄人」と同じ「職掌人」であると主張している。このように非人が神人——犬神人となったのは平安末期に遡ることは確実で、黒田のいうような中世後期などでは決してない。

(72) この点については拙稿「日本論の視座」(『日本民俗文化大系 第一巻「風土と文化」』小学館、一九八六年、前掲注(35)『日本論の視座』所収)で若干ふれたが、さらに別の機会に考えてみたいと思う。

(73) 実際、後醍醐天皇は文観を通じて非人をふくむ「異形の輩」をその直属武力として動員していたことは確実といってよい。「異類異形」の姿は鎌倉期までは、「聖」なるものの姿である一面を決して失っていないのである。

(74) この点も注(72)前掲、拙稿でふれた。

補注

（１）『山科家礼記』第一、応仁二年六月八日条に「散在之田地内勢田判官知行国衙年貢」とあるのも、それに当たるであろう。

（２）「国立国会図書館所蔵文書」には、左のような織田信長朱印状が伝わっている。

「(帖紙)一、公用之時ハけいせい座
一、地子銭御朱印信長様の
一、知行ニ成、大閤様御朱印二通御座候」

知行方勢田分目録之事
一、弐拾貫余　三条町屋地子銭、両季年中
一、参貫八百余　四条河原野畠、両季年中
一、弐貫四百余　九条之内野畠年中
一、参石余　山科野村郷之内年貢
都合弐拾八貫余、但米銭
右任当知行之旨、全領知不可相違(有税)之状如件
天正元
十一月廿八日　信長（朱印）
信濃兵部丞とのへ

充所の信濃兵部丞治毘は『久我家文書』第二巻、六三五号等に多く見られる久我家の家宰であり、「三条町屋地子銭」が後述する（3）、四条河原野畠が（6）に当たり、山科野村郷もその国衙分が勢多分であったことは明らかである。また帖紙の「けいせい座」が（2）であることも注目すべきであろう。九条之内野畠については、不明である。

また同文書、天正十三年十一月廿一日、豊臣秀吉朱印状、天正十九年九月十三日、同上の充所の勢多判官は治房である（これらの文書については、山室恭子氏の御教示による）。

（3）獄所については、上杉和彦「京中獄所の構造と特色」（石井進編『都と鄙の中世史』吉川弘文館、一九九二年）に詳述されている。

（4）本書第Ⅱ部第二章参照。

（5）「山科家古文書」大永二年正月廿一日、後柏原天皇綸旨は、内侍所毎日供御人元定の在々処々商買諸公事免除の要請に対し、「内膳司正」に充て、度々勅裁の旨に任せて相違あるべからずと下知している。

（6）『源平盛衰記』巻三十四に、法住寺殿に召された官兵が「堀河商人、向ヒ飛礫ノ印地冠者原、乞食法師」であったとされている点も注目すべきで、堀河の材木商人は早くからこうした人々と関わりがあったのである。

（7）「三好筑前守義長朝臣亭江御成之記」（『群書類従』第二十二輯）に「御妻戸立砂」について「アマダレヨリ六寸出テ立申由、河原者中之」とあるように、河原者と砂とは不可分の関係にあった。

（8）「九条家文書」一―五三号（4）、貞治五年六月廿日、源英長譲状に「七条町針座」が見え、これが針小路と関係するものと思われる。これが針売、塩売と関わるとするならば、検非違使と針売、塩売との関係、ひいてはこれらの商人と非人・河原者との関係まで及んでくることになるが、いまは臆測にとどめ、後考を期したい。

付論五　横井　清著『中世民衆の生活文化』をめぐって

一

永原慶二は、最近の論稿〈歴史意識と歴史の視点〉（『思想』六一五、一九七五年）で、明治以来、戦後第一期にいたる「日本史学史における中世観の展開」について論じ、福沢諭吉・田口卯吉の啓蒙史学から、原勝郎・中田薫・津田左右吉等の近代市民的歴史学を経て、戦時中の石母田正にいたる潮流をあとづけ、これらの史家たちの主張のなかに、根強いナショナリズム、脱亜意識が脈々として流れていた事実を指摘している。そして永原は、この潮流に属する田口・原が室町・戦国期を「悪しき時代」と見たのに対し、内藤湖南が応仁の乱を「近世」の起点として高く評価している点に注目しつつ、戦後の鈴木良一による石母田批判は、まさしくこの内藤の室町時代観をうけつぐものであり、これに応じた石母田の自己批判とともに、戦後の中世史学の出発点となった、とのべている。

これはまことに整然たる史学史的整理であり、さきの潮流の正統をうけつぐ現代の史家ともいうべき永原の面目、躍如たるものがあるといっても、決して過言ではなかろう。しかしそれはあくまでも、そうした永原の観点に立ったうえでのことである。一歩、視点をかえてみるならば、ここで永原の取り上げた潮流は、たしかに日本近代史学史の「主流」であったとはいえ、やはり一個の潮流にほかならず、他に無視し難いいくつかの諸潮流が並行して力強く流れていたことは、明らかといわなくてはならない。もとより永原も、内藤湖南に関連してそのことを指摘しているのであるが、内藤の史風は、おそらく鈴木による「継承」よりもはるかに密接に、戦前の三浦周行・西田直二郎・中村直勝から、戦中・戦後の清水三男・林屋辰三郎にいたる京都の史風と結びついていたと見るべきで、永原の整理の仕方では、さきの「主流」と明らかに異なるこの潮流は、ほとんど全く無視されてしまう結果になるのではあるまいか。

この一連の史家たちの主張、その「中世観」を論ずることは、もちろんここでは不可能である。ただしかし、永原の視点とは異なるとしても、これらの史家は室町・戦国期に積極的な評価を与える点で、ほぼ共通しており、商工業の発展への注目、商工民に対する関心から、さらに広く、被差別部落を視野のなかにとらえていく志向を持っていることは、一応、そのひとつの特色としてよいであろう。そして、まさしくこの最後の点にこそ、さきの「主流」と、この潮流とのきわだった差異が現われているといわなくてはならない。

いまここで取り上げる横井清の『中世民衆の生活文化』（東京大学出版会、一九七五年）

は、この流れのなかで結実した見事な成果というだけでなく、この潮流のひとつの特色を鋭角的に示した著書として、まず位置づけられる必要があろう。そのことの端的な現われを、われわれは、永原が「戦後中世史学の一方の旗手」という高い評価を与えた鈴木良一の最近の著書『応仁の乱』（岩波新書、一九七三年）の視角に対する、横井のきびしい批判に見出すことができる（付論7、鈴木良一著『応仁の乱』に見る「人民」「よけいもの」観についての感想）。この書で鈴木は、徳政一揆《とくせいいっき》として京都に乱入した馬借《ばしゃく》、都市貧民、牢人、賤民、盗賊等々、貴族を恐怖させた足軽について、「かれらが応仁の乱に重要な戦力として加わったとき、ずばりいえば、人民の敵になったのである」といい切った。これに対して横井は、「あるべき理想的人民」、「純粋な農民闘争」を想定し、さきのようなそれ以外の人々の動きを叩こうとするこうした鈴木の視角では、中世後期の「人民」の全体像は到底とらえられない、「ひる強盗」をする「足軽《あしがる》たち」もまた人民にほかならず、そうした人々の「したゝかな腰のつよさ、粗野な気風、一種の激発性……等々のポイントをしっかり押さえ」ないで、なんで中世の包括的な人民像が描けるのか、と反問し、さきのようにいい切る鈴木には、「屠殺を業とする賤民」、乞食、流民等々に対する「史家としての暖かい眼差し」が欠けているのではないか、と迫ったのである。前述した二つの潮流の差異は、ここにその最もあざやかな断面を見せているといえよう。

　前掲の論稿で、永原はこの鈴木と『中世的世界の形成』を書いた戦時中の石母田とを対照的な位置に置き、いわゆる鈴木・石母田論争の意義を強調している。しかしここで横井が批判の刃を向けた点に関していえば、じつは石母田も鈴木もなんら違いはない、と私は考えるのである。この名著で、石母田が悪党の「頽廃」を強調したことは周知のところであるが、それと同じ文脈のなかで、神人について、石母田が「堕落した執達吏」（二一三頁）といい、「有力者に対しては追蹤《ついしよう》怯懦《きようだ》、百姓に対しては猛悪なる人間であり、中世社会に於て最も腐敗せる人種」（二七七頁）と、口をきわめて罵倒したとき、横井の言をかりれば、石母田もまた、中世商工業の、また芸能の担い手としての神人に対する「史家としての暖かい眼差し」を欠いていたといわれるであろう。しかもこの場合、石母田の神人についてのこうした見解が、清水三男に対する批判を通して展開されている点に注意しなくてはならない。とすれば、より本質的な問題は、鈴木と石母田の対立にあるのではなく、石母田の清水批判、横井の鈴木批判のなかに、ひいてはさきの二つの潮流の差異と矛盾のなかにあるのではなかろうか。鈴木・石母田論争がしばしば大きく取り上げられるにもかかわらず、その結果生み出されたものが意外に貧しいのは、この点をさけているところに理由がある、と私は思う。

　このように考えてくると、現代の深刻な問題にも関連しつつ提出された横井のこの批判は、結果的に、日本近代史学史に横たわる重大な問題を、再び表面に押し出したことになるであろう。それだけにこの提言を契機に、当然起こらなくてはならぬ今後の論議を、空転させることなく、真に実り豊かなものにしていくための努力の義務は、われわれのすべてが負っているといわなくてはなるまい。

しかし横井がこの発言をしたのは、この著書の刊行される前年、一九七四年のことである。この著書に収められたすべての論稿がそれを支えているのであるが、こうした角度からこの書を通観するとき、否応なしに気付かされることは、横井の出発点となった一九六二年の二篇の論稿と、一九六八年から始まる横井の多産な活動との間に、六年間の空白が存在する事実であろう。この空白とさきの発言とは、おそらく無関係ではあるまい。もとよりそこに立ち入ることは書評の域をこえるが、ただ、六二年の第一期と、六八年以後の第二期の論稿群とにわけて、横井の学問的な足どりをたどってみることは、さきの問題をより鮮明にするためにも必要なこと、と私には思われた。Ⅰ　民衆文化の振幅、Ⅱ　民衆生活の起伏、Ⅲ　差別と触穢思想、の三部に編成されたこの書を、このような仕方で問題にすることの不適切、失礼を重々承知しつつ、あえてこの道を選ぶのは、そうした理由からである（この点、最初に横井氏の御寛恕をお願いしておきたいと思う）。

二

横井の最初の論稿は「日本史研究」六二号に発表された〈荘園体制下の分業形態と手工業〉（本書第四）である。十一世紀後半以降、検注帳に除田が現われる事実を確認した横井は、そのなかで、給免田《きゅうめんでん》、とくに量的には零細な手工業者の給免田に注目する。そしてそれが荘官給免田となんら本質的に異なるものではなく、田所《たどころ》・公文《くもん》等の荘官《しょうかん》から手工業者、さらには狭義の芸能民まで含め、給免田を与えられた人々は「諸職」として一括しうること、それは「荘園領主側から或る種の職能者として認識され把握される対象であり、そのような意味での荘園領主への寄与に対する代償として、他ならぬ給免田が付与せられた点を更《あらた》めて重視」しなくてはならぬ、と指摘した（一一二頁）。その上で横井はさらに、こうした給免田付与と表裏の関係をなすものとして「職の体系」をとらえ、「荘園体制」の「分業形態」は、まさしくここに端的に姿を現わしている、と的確な示唆を与えたのである。

当時、給免田については、専《もっぱ》ら在地領主制の形成と発展との関連で荘官給免田が注目されており、手工業者の給免田に関しては、むしろ在地領主への強度な隷属性を示すものと見る見方が支配的であったが、この論稿よりもすこし前に、浅香年木、脇田晴子の論稿が発表され、ようやく新たな観点が主張されはじめていた。横井の論文もそれをうけたものともいえるが、しかし、荘官・芸能民をふくめて「諸職」ととらえる見方、「職能」、「職の体系」をそれと統一的に把握しようとした点は、まことにユニークというほかなく、横井の本領は早くもここに発揮されはじめたということができよう。

これにつづけて横井は、当時、活発化しつつあった国衙《こくが》領の研究との関連で、手工業の給免田およびそれを核とする「別名」が、国衙近傍、或るいは荘政所の近辺に存在したことにふれたのち、視点を一転して、給免田を保有しない在地手工業の担い手に目を向け、浪人・乞食から越後《えちご》国奥山荘の非人にいたる人々を「浮遊労働力」としてとらえようと試みている。そこに卑賤視、差別の問題が伏在することを、横井はすでにここで指摘しているが、同じ年「部落問題研究」一二号に発表された論稿「日本中世における卑賤観の展開とその条件」（本書第七）で、この観点をさらに広い視野のなかに位置づけつつ、「差別」の問題に正面から立ち向かった。

だがそれは、決して尋常一様な切り込み方ではなかった。戦後第一期、林屋辰三郎によって基礎づけられた散所論が、原田伴彦の商工業史の分野からの提言とあいまって、そのころすでに中世被差別部落史の基調は堅固に形成されていた。これはいまなお「通説」としての不動の地歩を保っているといってよかろうが、横井はそれと真っ向から取り組んだのである。

「散所民といわれれば、たんに隷属民なることを連想するばかりでなく、ついでに、かれらがすべて徹底的な差別＝賤視をこうむったものというふうに、ごく安易にうけとってしまう傾向」をいましめる横井は、「中世の隷属民や乞食や非人たちは、はたして現実に強度の卑賤視を蒙っていたのか」という問題をあらためて問い直し、「中世封建社会における諸関係のなかで保護をうけることと特権を認許されることとの持つ意味を、『散所』という歴史的な環境のなかで明らかにし」てみる必要がある、と強調する。そして、「部落史研究は、たしかに一つの段階を終了した」（傍点著者、二二四頁）と、高らかに宣言したのである。

このように、それまでの被差別部落形成史に対する根底的ともいうべき批判的立場に立ちつつ、横井は「非人・乞食という呼称」が中世を通じて「強烈な蔑称としての効用」を果たしていた反面、「非人」という語が遁世者一般を指して使われることの多かった事実にも目をくばり、「本来は何ら一定の『身分』を示す用語ではなかった」「穢多」・「河原者」・「非人」などの語が、「少なくとも室町期」には「明らかに一個の身分的な意味内容をもつ語として機能しはじめる」（二三九頁）という、注目すべき事実を明らかにした。そしてこうした語が広まり、特定の賤民身分を示す語に定着していく過程で、とくに仏教思想、仏徒の役割が大きく、「穢多」・「非人」の呼称それ自体、「仏教思想に深く浸った貴族層の創出にかかる」のではないか、と横井は強調している（二三五頁）。

こうした見方から横井は、被差別部落を固定し、「その解放へのあらゆる可能性を奪ったもの」として、近世幕藩権力の役割を規定する一方、そうした事態は、決して「一片の法令」によって生み出されたのではなく、「在地による慣行を整序し、集約・強化する形」で実現されたという結論を導き出し（二四二頁）、ついで、この「在地」の「慣行」がいかにして形成されてきたかについて、具体的に追究を開始する。

そこで横井がまず注目するのは、「農業を基本とする社会構造」をもつ「中世封建時代を通じて維持された」、農業以外の生産部門に対する軽視であり、「農耕生活から離脱」した浮浪人に対する「賤視」であるが、そのことを確認したうえで、氏はあらためて南北朝・室町期に形成されてくる「惣」的な農民の結合体の果たした、いわば負の側面に着目する。そして、その掟に見られる「外来者に対する徹底的警戒」、処罰としての「住民追放規定」を通して、横井は「共同体から放出され、再び還り立つこと」のできなくなった浮浪者・乞食たちの群を見出し、そうした人々に対する卑賤観の一般庶民への浸透と、明るくおおらかな庶民の成長の時期とされる郷村制の展開とが、じつは表裏をなしている、と鋭く指摘したのである。

このような視角から、横井はさらに、庶民たちによって書かれた起請文《きしょうもん》の末尾の神文に、「山かたい」、「白癩・黒癩」への恐怖が記された事実のなかに、癩者《らいしゃ》に対する差別意識の浸透を見出し、仏教思想の育んだ穢の観念によって、殺生を業とするものに対する差別観が育てられていった点に目を向け、中世末、こうした被差別民たちが、それ自身、一個の村落共同体を形成したことによって、差別意識の地域的集中が急速に進んだとして、この力作を終えている。

以上の粗雑な紹介によっても、この二つの論稿が中世商工業史、とくに被差別部落形成史の研究史のなかで、きわめて重い意味を持っていることは明らかであろう。十数年を隔てた現在から見ても、この二論文は鋭く新鮮な問題提起を含んでおり、決してその光彩を失っていないのである。しかし逆に、むしろそのこと自体のなかに問題があるのかもしれない。とすれば、個性的かつ意欲にみちたこの二つの論稿を発表した横井が、それ以後長い間、沈黙をまもりつづけたことの意味が、あらためて問われなくてはなるまい。

三

横井の論稿が発表された一九六二年、歴史学研究会大会の中世史部会は、「領主制の諸段階」をテーマに掲げて開催されている。この大会それ自体が果たして実り豊かだったかどうか、問題は残るとしても、六〇年代の中世史研究の動向をふり返ってみれば、やはり象徴的意味を持つ大会だったといえるであろう。以後しばらく、「領主制」をめぐる論議が学界をにぎわし、別の機会にのべたように（拙著『中世東寺と東寺領荘園』東京大学出版会、一九七八年、序章第一節、付論）、領主制と荘園制、農民と村落、「職」と国家などについての二様のとらえ方、最初にのべた二つの潮流とも不可分な二つの視点の対立は、これ以後、急速に鮮明さをましてくるのである。しかし、そこで活発にくりひろげられていった論議のなかで、横井がさきの二論文で提示した論点は、ほとんど取り上げられなかったといっても過言ではなかろう。

たしかに給免田の問題についていえば、浅香・脇田のそれとともに、横井の論稿は数少ない研究のひとつとして、つねに注目の対象となってきた。しかしそこで横井が指摘した、

「諸職」、「職能」、「職の体系」の関連など、中世社会の本質にもふれる論点は、全く見逃されていたといわなくてはならない。「浮遊労働力」、非農業的生産部門に携る人々、乞食・非人などに関わる問題についても同様である。なるほど、「村落共同体」からの流出民を取り上げた永原慶二の研究、大山喬平の指摘する「農民の浮浪性」、乞食・非人など「無縁」の人々に注目する河音能平の仕事、戸田芳実が目を向ける非農業的生産や「屠膾《とかい》」の徒等々、横井の問題提起と直接間接につながる仕事は、この間に現われている。また、非農業民と卑賤観の問題については、脇田による一個の体系を結実させたことも事実である。そして、この時期の領主制研究の視角に対し、早くも一九六四年に根本的な疑問と批判を提起していた黒田俊雄が、横井の論文に注目しつつ、最近（一九七二年）、「中世の身分制と卑賤観念」（『部落問題研究』三三）という労作を発表したことは、われわれの記憶に新しい。

しかし横井の論稿発表から十年の年月を隔てたこの論文で、黒田が「ことに横井氏の論考は（部落史研究の……筆者）中世のものとしてはいわば最新のしかもきめ細かい仕事である」（傍点筆者）とのべていることは、巧まずして、六〇年代の研究がなにを欠落させていたか、またその間、横井の論稿と問題提起がいかなる位置におかれていたかを、鮮やかに照らし出している。特権と差別の問題、穢、「不具者」、「癩者」の問題、そして庶民への差別意識の浸透にかかわる論点は、事実、この間全く無視、あるいは忌避されつづけていたといっても、誤りではなかろう。一九六二年、被差別部落史の研究は「たしかに一つの段階を終了」していた。しかし新しい被差別部落史誕生の機は、少なくとも中世史の分野に関していえば、そのとき、決してまだ熟してはいなかったのである。

このように横井の研究に目を向けた黒田は、最近の著書『日本中世の国家と宗教』（岩波書店、一九七五年）の「あとがき」で、現在にいたるまでの自らの研究が、「主流的立場たることを自負する見地からすれば」、「もはや異端というより外道《げどう》に近い奇怪な論にみえたらしい」と感想を記している。黒田にしてこの言あるか、と私は思うが、横井が本書の「はしがき」で、この書を「『戦後』における民主的・科学的中世史学の本流にむかって」打たれた「石礫《いしつぶて》集」とのべているのも、またこの感想と共通する根を持っている。しかしおそらくこれは、黒田以上に深刻な意味を内包する発言であり、より正確にいえば、六年間の沈黙の土壌に育った第二期の論稿群こそがそれに当たるものと私は考えている。

横井の論稿が発表されたころ、「外道」のそのまた外の外にあって、荘園史料と漁業史料のなかに低迷していた私自身は、はずかしいことに、横井の提起された諸論点を消化するだけの力すら持ち合わせていなかった。ただそうした低迷のなかで、かつて「封建革命」という愚かしい規定を自ら与えたことのある南北朝の内乱期をあらためて見直しつつ、室町・戦国期から近世にいたる発展のなかで、日本の民衆—民族が失ったものの大きさとその意味をあれこれ考えていた私にとって、横井のさきの論稿は強い感銘を与え、また細々と抱きつづけていた海民、非農業民への関心を強く支え、かきたててくれたのである。

四

一九六七年以降、歴史学研究会・日本史研究会は、ともに「人民闘争」を大会のテーマに掲げはじめる。この「領主制」から「人民闘争」への主題の転換自体、石母田・鈴木論争が意識されていたのではないかと思われるが、翌一九六八年、久々に「触穢思想の中世的展開」（『風俗』七―三、本書第八「中世の触穢思想」の一、五、六、七）を書いた横井は、この年の日本史研究会大会の報告者に立って〈中世後期民衆の意識状況をめぐる二、三の問題〉（「日本史研究」一〇四号、本書第一「心象の中世民衆」）について発言、以後、堰《せき》を切ったように、毎年力作を発表しはじめる。それは、すでにさきの二論文に出そろっていた諸論点が『京都の歴史』の編纂過程での蓄積を通して深化し、豊かに展開された成果と見ることもできよう。しかしこれらのすべてのなかに、さきの「本流」に対して、横井が「提唱」しようとする「何か」が貫徹していたことは明らかであり、そこに第二期の論稿群の特徴があるといわなくてはならない。

「人民闘争」を主題とする大会で、その力強い昂揚と前進の時期とされている土一揆《つちいっき》の時代を取り上げたさきの報告でも、明るくおおらかといわれてきた「下剋上《げこくじょう》の文化」（『講座日本史』3、本書第二）についての論稿でも、横井は、そうした一面を認めつつ、むしろその反面に存在する陰惨な暗さが見落とされてきたことを強調してやまない。散所民の解放への意欲を示すとされた「山椒大夫《さんしょうだゆう》」の結末に見られる残酷な復讐、同じ説経節「愛護若《あいごのわか》」の語る癩の「業罰」、触穢の恐怖、農民を呪縛し死にいたらしめた執金剛神《しゅうこんごうじん》の威力、戦国時代の集団入水等々、当時の農民に重くのしかかっていたものを、もっと直視すべきである。下剋上、土一揆の基盤となった鎮守の社《やしろ》での寄合《よりあい》が、それ自体、「穢《けが》」れたものに対する差別意識を強め、また一味同心《いちみどうしん》に反したものを追放し、幼な子まで斬殺する残酷さを持っていたこと、京 童《きょうわらわ》の批判精神の現われとされる二条河原の落書のみでなく、庶民自らが同じ庶民を告発し、領主に処罰・追放を求める手段としての落書があったことも考えなくてはならぬ、と横井はいう。

町衆の連帯の基礎ともいうべき町屋の構造を明らかにした論稿「室町時代の京都における町屋支配について」(『中世の権力と民衆』所収、本書第五)や民衆の「生きるためのたたかいと規律」(『日本生活文化史』5、本書第六)を論じた一章でも、同様である。平和と繁栄を楽しむかに見える京の町の住民が、住宅の検封・破却のたえざる恐怖にさらされていただけでなく、その破却の作業に当たるのが散所法師・犬神人などの「賤民層」だったという事実、災害・飢饉・疫病・戦乱、さらには妖怪変化等々の恐怖にさいなまれながら生きる中世後期の庶民たち、そうした側面を見落としたまま描かれる「人民闘争」の前進と昂揚は、虚像でしかない。横井は力をこめて、こう主張している。

これが郷村制《ごうそんせい》の負の側面を指摘した第一期の論点の発展であることはいうまでもない。しかし、このような側面に目を向けることを忌避し、ときにそのこと自体を「誤り」と決めつけるような傾向に対する強い反発を通して、それは一段と鋭角的かつ全面的な展開をとげたといえるであろう。

当然、横井の目は、こうした重荷を重く背負った人々、「穢」れ多しとされ、「不具」や「癩」の不幸を負った人々に注がれ、これらの人々への差別意識を庶民のなかに浸透させる役割を果たしたものが、第一期の論点をふまえて、さらにきびしく追究されることになる。〈触穢思想の中世的構造〉(「国文学解釈と鑑賞」四七二、本書第八「中世の触穢思想」二、三、四)、〈中世民衆史における「癩者」と「不具」の問題〉(「花園大学研究紀要」五、本書第九)などは、そうした追究の結果を示す論稿である。

中世人の穢れに対する恐れの諸相にふれたのち、横井はまず、神と天皇とを触穢思想の発源体としてとらえる。ついで、この世のみならず、身の内から発する穢れ・不浄を説く浄土思想、癩者の救済に一身を捧げつつも、その病を「前世の宿業」と見る叡尊《えいぞん》、「吐棄《とき》すべき敵手を癩者とみ」たてて「罵言《ばげん》の極致」を発する一休宗純《いっきゅうそうじゅん》、不信者に対する罰として、癩の恐怖を「わかりやすく」解説する法華経等々、仏教思想に内在する差別性が追究される。それだけでなく、横井の鋒先《ほこさき》は、盲人、不具者に対する残酷な笑いにみちた狂言、さらに触穢思想、癩者に対する差別思想を庶民のなかに浸透させる役割を果たした、漂泊の陰陽師《おんみょうじ》、聖《ひじり》、説経語りなど、賤民的雑芸者自体にも向けられていく。こうして、否応《いやおう》なしに自らの血脈の不浄を確認させせられ、ときとして見せたたくましさを次第に失い、ついに、これ以上穢れるはずもないとされた身分に固定させられていく「穢多」、「非人」、「河原者」の運命を通して、横井は中世から近世への「発展」の意味を、あらためて問い直す。そして、戦後の「民衆文化史」と現在の「人民闘争史」を〝串刺しにする者〟としての「癩者」と「不具」の立場を押し出していくのである。さきの論点は、もはやここにいたって極点まで追いつめられたといってよかろう。

一方、横井は「庶民の遊戯」(『日本の古典芸能』5　本書第三)をはじめ、この書にまとめられたいくつかの小品で、遊戯・風俗等、戦後の歴史学がほとんど取り上げなかった分野に鍬《くわ》を入れ、民衆の生活と文化の多様な世界を探ろうとしている。例えば、十五歳という年齢が共同体のなかで責任能力ありと認められた年齢であることを明らかにし、これまでの「村落イメージの〝若がえり〟」を強調した小品(付論4「中世民衆史における『十五歳』の意味について」)が示すように、そこで横井は、中世民衆の大らかさ、たくましさ、若々しさを確かめているのであるが、この視角はさきの追究と無縁ではなく、むしろ表裏の関係にあるといえよう。遊戯《ゆうぎ》の観念と遊戯《ゆげ》のそれとが不可分であり、「仏教思想で染め上げられた」遊びが少なくないことを確認しつつ(付論2「遊戯と浄土」)、横井はむしろ、庶民の「野性」がむきだした印地《いんじ》、飛礫《つぶて》に注目し、貨幣経済の浸透に伴って必要となった計数能力の練磨に関わる「数とり遊び」を取り上げ、権力のきびしい「禁制の網の下を、まるで蔓草《つるくさ》のようにはいくぐり」、「博打」なる「職人」を輩出させた博戯《はくぎ》の世界の諸相を細かく追究している（本書第三）。それは「悪党」、「徒者《いたずらもの》」、「無頼」などと不可分に結びついているが、服飾・風俗に関連して横井が目を向ける異相・過差な風潮、「ばさら」の風狂、「物狂《ものぐるい》」といわれるような感覚も、また同様である（付論3「無頼の装い、風流の意匠」）。そして、中世後期の「酒酔謗言」にからんで酒の普及の意味を（本書第六）、触穢からの「清浄の回復」の手段として、風呂の風俗を考えていくのである（本書第八）。すべてこれらは、さきに「重荷を負った」といった人々と、広い意味で関連する世界の問題と見てさし支えなかろう。「屠家」に生まれたことを悲しみつつ、倫理的に生きた河原者又四郎と、焼死体に関わる利権を争う河原者赤とを、対照させて描き出したのはもとより（付論8）、角倉了以《すみのくらりょうい》の小伝（付論5）にしても、この時代に生きた「したゝか」な人物像を語るものとして、この書に収められたものと思われる。とすれば、このような視点に立つ横井から、最初にのべたような鈴木に対する批判がでてくるのは、まことに当然といわなくてはならない。

こうした分野の研究は、横井の最近の開拓であり、それだけに、まだ試論的性格が強く、本格的に展開されたとはいえない。しかし、そこにこのような形で分け入ったということ自体に、さきの「本流」に対する横井の批判的姿勢がはっきりと示されている。「トータルな歴史像の内」には「装いの色や意匠」も、風俗も、年齢も、そして遊びも「生きていなくてはならない」とする横井の主張は、民衆の生活と文化そのもの、その矛盾にみちた諸相をつかみ出す力をもたぬ歴史学の現況に対する鋭い批判と見てよかろう。

そして、いわゆる「日本文化論」に対する他人の批判のみを知るだけで、このような試みをひとしなみに却《しりぞ》け、この「論」の背景をなす多くの古典的著作、文化人類学や民俗学の成果と、まともにとりくもうとしない風潮に対し、横井は警告を発するとともに、立場を異にする「論」からも、ゆとりのある学び方をしなくてはならない、とさとすのである（付論1「中世文化研究の動向寸見」）。

横井の第二期の諸論稿の趣旨を、私はおおよそ以上のように理解した。それは、出版者、編集者の、いわゆる「差別用語」についての不見識きわまる「自己規制」の事実の指摘（三三三～三三四頁）をもふくめ、なによりもすぐれて「批判と警告の書」の性格を持つといえるであろう。

五

「『戦後』における民主的・科学的中世史学の本流にむかって」、横井が発したこの批判と警告とは、全く正当なものと私は思う。「本流」に立つ人々は、この批判に対して、もはや以前のように無視をもってむくいるのではなく、正面から答えるべきである。それは決して、

「横井氏の著書が人民の暗い面のみを取り上げているが故に、積極的な意味をもたない」といった躰《てい》のものであってはなるまい。なぜなら、最初にものべたように、横井の打った「石礫」は、明らかに横井の見た「民主的・科学的中世史学」も、またおそらくは「遥かなる立命日本史」をもこえて、日本の近代史学史に流れる大きな二つの潮流の間にふれ、火花をちらせたからである。少なくともその問題に正面からとりくむだけの気概をもった反批判でなくては、横井の批判に立ち向かうことはできないはずである。

このように視野をひろげ、この言葉を私自身に向けたうえで、横井の著書をふりかえってみたときに、おのずとうかんでくる一、二の感想をここでのべてみたい。

横井の第一期の二論文と、第二期の諸論稿とは、いうまでもなく一貫連続しており、こうして一書にまとめられても、決して不自然でない統一した視点で貫かれているといってよい。にもかかわらず、私はやはりこの二つの時期の論稿の間に存在する若干の変化にこだわらざるをえないのである。

いったいなぜ横井は、第一期の第一論文で示唆された「諸職」と給免田、「職能」と職の体系との関係、荘園体制下の分業形態の問題を、第二期にもっと展開しなかったのか。それこそ、「民主的・科学的中世史学」と正面から切り結び、前進的な成果を生み出しうる場だったのではなかろうか。同じことは、第二論文の保護・特権と差別・賤視の問題についてもいいうることである。第二期の論稿群では、この観点はほとんど消えてしまったといってもよかろう。その意味で「『河原者』の定義と『散所』研究の動向」（付論８）が、まことに簡単に処理されている点、不満が残らざるをえない。部落史研究の「一つの段階」を真に「終了」させ、新たな研究への道を開くための突破口のひとつは、この点にあったのではなかろうか。少なくとも横井はここで、林屋、脇田、丹生谷哲一等の見解に対置し、前述したような横井自身のすぐれた研究をもとに、自らの見解を展開すべきではなかったのか。

実際、この論点を具体的に究明しない限り、「差別」がなお社会的に固定されていない状況から、それが定着し、制度化されていく過程、まさしく被差別部落形成の歴史的な過程を本当に明らかにすることはできない、と私は考える。そのような意味での歴史的な視点が、横井の第二期の論稿群では、第一期のそれに比べて、やや稀薄になっているのではなかろうか。もとよりそれは、第二期の諸論稿が、専ら中世後期に焦点を合わせ、またさきにふれたような批判的性格を強く持っているからであることは、十分了解できるが、それだけにいっそう、このことが惜しまれるのである。

差別観についての横井の追究は、まことに徹底したものがあるが、それが読む者をして多少の息苦しさを感ぜしめるだけでなく、横井自身がその追究のはてに「中世民衆の起伏と振幅、それに矛盾にみちみちた『生活』と『文化』とを丸ごと引っつかむとか再構成するなどということが、ほんとうに私たちの〝史学〟の現況において可能なのであるか」（傍点著者、三二七頁）と問を発するとき、それが「史学の現況」に対する批判であるとともに、横井自身の「嘆息」のようにも聞こえるのは、さきのような視点の弱化と無関係ではない、と私には思えるが、いかがであろうか。

風俗・遊戯等の分野についても同じようなことがいえよう。ほとんど未開といってもよいこの分野に、新たな角度から切り込んだ横井には心からの敬意を表するが、民俗の分野などと同様、こうした対象もまた、より歴史的なとらえ方をしていく余地は残っているように思われる。さらにまた、例えば意匠の色と身分制との関連などの追究によって、「本流」に大きな波紋を投じうることは間違いないのではなかろうか。

横井の打つ「石礫」はたしかに「本流」に正確に命中し、中世民衆の生活文化の諸相・断面を鮮やかにわれわれの前に提示している。しかし、もちろん全く比喩としてのことであるが、「石礫」は小さく、目標は遠い。第一期の論稿に示されたすばらしい感性と若々しさ、第二期の論稿群で発揮された鋭い追究力と繊細な情感をあわせもって、横井が「本流」に、そして中世の民衆そのものに、いま以上に肉薄してほしいと願うのは、私のみではあるまい。中世民衆はもとよりのこと、まさか、この「本流」が、肉薄したとたんに消えてしまう「逃げ水」のようなものであるはずはなかろう。そして、横井がいったように「さまざまの、立場を異にする『論』からも、ゆとり」を持って学ぶ姿勢を相互に貫ぬきつつ、論争にひとつひとつ豊かな実をみのらせることによってのみ、最初にのべたような近代史学史の内包する大きな問題を解決する道がひらけてくるのではあるまいか。

しかし、このようなことを書きつらねた結果、京の人らしく細かい神経の行き届いた文書を通じて、謙虚にその主張を展開した横井の著書を、私は全く無神経かつ粗雑に扱い、誇張したものにしてしまったように思う。野暮な無骨者の吐いた妄言として、横井の御海容を切にお願いしたい。

横井清『中世民衆の生活文化』(東京大学出版会、一九七九年)

付論六　三浦圭一著『中世民衆生活史の研究』について

地域史・民衆史の研究が、今日の歴史学の直面する最大の課題のひとつであることは、いまさらいうまでもないが、本書は和泉《いずみ》を中心とする地域に密着しつつ、民衆――とくに日陰におかれた民衆の生活に、つねに暖かい目を注ぎつづけてきた著者の、長年にわたる研究の結実であり、この課題に正面から応えた労作である。

一九五〇年代の中世史研究者の大多数がそうであったように、三浦の研究の出発点は個別荘園の研究であった。備中《びっちゅう》国新見荘を最初のテーマとした三浦は、荘園の内部構造と関連させて商人・手工業者の動きに着目、「備中国新見庄の商業」(『日本史研究』二九号、一九五六年)をまとめたが、封建社会における商業の役割を消極的・否定的に評価する当時の論調のなかにあって、この論稿で、三浦はむしろ商人の「結座性、徒党性」に目を向け、封建的収取機構を変質させ、自治的惣結合を生み出す商人の積極的役割を強調した。三浦の独自な史風の起点はここにあり、この観点は本書の諸論稿のなかで幅広く発展し、豊かな肉付けをされていったのである。

鎌倉、南北朝、室町・戦国の三時代三篇と付篇に構成された十六篇の論稿のなかで、発表年次のもっとも早いのは古代をテーマとした「吉士について」（付篇第一章、一九五七年）であり、難波《なにわ》・紀伊《きい》に本拠を持ち、倭《やまと》政権の朝鮮半島・中国大陸との海を通じての交渉に、船頭・水手《かこ》として大きな役割を果たした海民的な吉士集団の実態にメスを入れた論文である。海に生きた人々の研究はいまも著しく立ち遅れており、そのために日本列島と周辺地域との海を媒介にした結びつきがなお十分に解明されていない現状を考えると、五〇年代後半、すでにこの問題に目を向けた三浦の着眼は、的確かつ非凡なものがあるといわなくてはならない。

このように、中世をこえ、さらに列島をこえる三浦の広い関心は、一方では「室町期における特権商人の動向」（第三篇第四章、一九五八年）に、他方では「大徳寺をめぐる商人たち」（付篇第二章、一九五九年）として、実を結んでいる。後者は赤松俊秀・玉村竹二の指導下で従事した『隔蓂記《かくめいき》』編纂の副産物として生れたもので、十八世紀にまで視野を拡げて大徳寺《だいとくじ》と堺《さかい》・京の商人との関係を追究、一大名の御用商人となることを潔しとせぬ江戸初期までの商人と在野の禅苑《ぜんえん》大徳寺とのつながりを明らかにしている。卒業論文以来といわれる三浦の堺に対する深い関心はこれ以後も一貫しているが、それとともに、こうした史料編纂の仕事が、つねに史料に密着してやまぬ三浦の学風を培う上に大きな意味を持った点にも注目しておく必要があろう。また前者は、天竺人聖の子、国際的商人楠葉《くすば》天次《てんじ》を取り上げた論文であるが、ここで三浦は天次の個性よりも、その活動に即して荘園の直務《じきむ》、憑子《たのもし》、商品と村落の関係などに目を注いでいる。それ故、天次については田中健夫による批判・修正の余地を残し、三浦自身ものちに再論することになるが、当時の三浦はむしろこれを契機に、拡大された視野の下で、再び商業・貨幣流通と村落の関係の研究に進んでいったのである。

その最初の成果が「中世の頼母子《たのもし》について」（原題）論じた「中世後期の経済生活」（第三篇第三章、一九五九年）で、村落の相互扶助機能を持つ頼母子が、じつは土豪、商人の新たな収奪方法であった点を、三浦は強調している。頼母子については勧進《かんじん》頼母子など、なお解明さるべき問題が多く残されているが、三浦のこの論文は戦後のほとんど唯一の研究として、今後の出発点となるべきものといえよう。

これらの諸研究を通じて、三浦の目が畿内に注がれていることは明らかであるが、その方向を決定的にするとともに、一九六〇年代、日本史研究会を中心に活発な展開を見せていた新たな領主制論に、三浦独自の視点からの発言を行ったのが、本書冒頭に置かれた「中世における畿内の位置」（第一篇第一章、一九六五年）である。摂津《せっつ》渡部を根拠とする海と牧の武士団渡部氏と惣官《そうかん》との関係から真木島惣官、内蔵寮・蔵人所《くろうどどころ》さらには国衙《こくが》在庁の惣官にまで言及したこの論稿は、戸田芳実・河音能平等の研究とともに、畿内の領主の色濃い非農業的性格を鮮明にし、内廷官司との関係を示唆しており、この分野において、まさしく画期的な意義を持つ労作であった。発表前の日本史研究会大会のさい、この論文、とくに惣官について熱のこもった教示を得たのが、三浦と私との最初の出会いであったと記憶するが、当時、専ら海民のみに目を向けていた私の視野は、これによって大きくひろげられた。ここで三浦の見出した蔵人所惣官は燈炉供御人（鋳物師）の、内蔵寮及び渡部惣官は大江御厨渡部の、真木島惣官は宇治網代供祭人の惣官、と私は考えるが、これは三浦の発掘した成果に、ほんのわずかな事実をつけ加えたにすぎない。

こうして畿内にその焦点を合わせた三浦は和泉市史・堺市史の編纂を通じて、さらにそれを和泉に絞り、地域に密着しつつ中世村落の実態に肉迫した諸論文（A）「中世における農業技術の階級的性格」（第一篇第二章、一九六六年）、（B）「惣村の起源とその役割」（第三篇第一章、一九六七年）、（C）「下剋上時代の一側面」（第三篇第二章、一九六八年）、（D）「加地子《かじし》得分《とくぶん》の形成と一色田《いっしきでん》の動向」（第二篇第二章、一九六九年）、（E）「一四・五世紀における二毛作発展の問題点」（第二篇第三章、一九七二年）などを、相ついで発表していく。

（A）において箕田村・唐国村などの綿密な現地調査を基礎として、大田植の慣習が門田苗代の形となって農奴主の農民支配の手段となったことを指摘した三浦は、新たに発見された「中家文書」の分析の結果を、文字通りの労作（B）として世に問うた。公方年貢・加地子など、その後の中世後期史研究の論点となる問題にも一石を投じつつ、ここで三浦は和泉国麹座の一員としての中氏の活動、宿・嶋の旦那場の実態を明らかにし、被差別部落史の分野に新たな問題を提起した。そして売券作成過程の分析や若松荘中村の宮座《みやざ》の研究などを通して、地主、小作人、悴者、宿・嶋の住民等、「惣村」の身分階層とその間の矛盾を明らかにしたのである。このように民衆の自治と文化の発展の基盤といわれてきた中世後期の惣村の裏面に、じつは暗い影がひそんでいたことを主張した三浦は、さらに（C）で嬰児殺害《えいじ》、一色田、散所をとりあげた。嬰児殺しや堕胎は、子供をたやすく質入・売買する中世民衆の子供に対する意識に通じる重要な問題で、この着眼はさらに発展させられなくてはならないが、散所陰陽師《おんみようじ》や宿・嶋と周辺農村との関係の究明を通して、中世後期、差別が固定化しつつあった点も、この稿で明らかにされている。そして中世前期、弱少農民に請作された一色田が、後期に散所法師や非人によって耕作されている事実に注目した三浦は、（D）でさらにこれを追究、一色田作人が「反荘園領主闘争」も辞さない姿勢を示している反面、その中間的得分が土豪や有力農民に収奪されつつあったことを指摘する。（E）でも同様に、二毛作の裏作に対する「麦の論理」ともいうべき農民の権利が、その収奪を試みる領主の「米の論理」によって次第に圧迫されていく過程が描かれているのである。

これらの諸論文を通じて、農村の民俗的慣習や農業技術に対する三浦のなみなみならぬ関心を読みとることができるが、それを農村内部、領主と農民の矛盾対立のなかでとらえようとする三浦の一貫した主張は、つねに華やかな表舞台よりも、暗い、しかししぶとい裏の世界に目を向ける三浦の姿勢に裏づけられて滋味のあふれる成果に結実している。

こうした一連の和泉農村の研究を経て、三浦の仕事はまた新しい展開を見せつつある。そのひとつは「南北朝内乱期にみる天皇と民衆」（第二篇第一章、一九七六年）、「ある中世村落寺院と置文」（第二篇付一、一九八一年）、「南北朝内乱と畿内村落」（第二篇付二新稿）など、宮座・寺座についての研究をさらに進めつつ、そこでの北朝・南朝年号の使用、村落領主との関係を追究して政治史の分野に迫ろうとする方向で、これらによって、畿内の村落や領主の内乱期における動きが具体的に解明されつつある。これに対し「鎌倉時代における開発と勧進」（第一篇第三章、一九七八年）、「根来寺《ねごろじ》と和泉熊取の中家」（第三篇付、一九八〇年）は活発化しつつある非人をめぐる論議のなかで、非人・河原者の開発や用水池築造に対する寄与を強調する三浦の独自な立場を明らかにした論稿である。このうち前者では、非人の労働を組織し開発を請負った西大寺《さいだいじ》流律僧《りゅうりつそう》、勧進上人《かんじんしょうにん》が、伊姓石工《いしく》、鋳物師《いもじ》などと深い結びつきがあったことや神崎川の中洲―河尻の都市的性格などに照明があてられ、後者では根来寺の広域的・国際的な流通圏との関わりが指摘されている。

商工業に対する三浦の当初の関心は、長年の農村研究への沈潜を通して、いまや独自な総合的な史風として新たな姿を現わしつつあるが、小品ながらこれまで類を見ない中世の暗号を発見・解読した「日本中世の立願と暗号」(第一篇付、一九七九年)はこうした三浦の学風の根底にあるものをよく物語っているといえよう。これは決して偶然の思いつきなどによってできることではなく、一通の文書に地道な粘り強さをもって立向う篤実な努力の結実にほかならない。

三浦の論文に鮮やかな理論の切れ味を求める人は、もともと三浦を理解し難い人であろう。「赤貧《せきひん》洗うが如き」と自らいわれるような状況のなかで、けわしい学問の小道を一歩一歩登ってきた人のみが達成しうる、汗にまみれた、それだけに何度読んでも必ず新たな収穫を得ることのできる重厚な味わい深さこそ、三浦の論文の本領と私は思う。この書はその意味で、人の生活そのものと学問との深い結びつきを、そして誠実に生きる人のみが真にすぐれた学問を生み出しうることを、われわれによく教えてくれる。今後の三浦のさらなる健闘を心から祈ってやまない。

三浦圭一『中世民衆生活史の研究』(思文閣出版、一九八一年)

第II部　中世の女性と遊女

第一章　中世の女性

一　宣教師の見た日本の女性

「日本の女性は処女の純潔を少しも重んじない。それを欠いても、名誉も失わなければ、結婚もできる」「ヨーロッパでは財産は夫婦の間の共有である。日本では各人が自分の分を所有している。時には妻が夫に高利で貸付ける」「ヨーロッパでは（中略）妻を離別することは最大の不名誉である。日本では意のままにいつでも離別する。妻はそのことによって名誉も失わないし、また結婚もできる」。「日本では、しばしば妻が夫を離別する」。

これは、ルイス・フロイスの『日欧文化比較』(1)に記された数節の引用である。永禄《えいろく》五年（一五六二）に日本に来て以来、慶長《けいちょう》二年（一五九七）に世を去るまで、三十五年間、日本列島で生活したポルトガル人の宣教師フロイスは、戦国末から織豊《しょくほう》期にかけての日本の社会、生活、風俗のあり方を、ヨーロッパのそれと比較し、両者の違いをさまざまな角度から詳細に記しているが、この引用は第二章の「女性とその風貌、風習について」の一節で、フロイスはさらにつぎのようにも書いている。

「日本では娘たちは両親にことわりもしないで、一日でも幾日でも、ひとりで好きな所へ出かける」「日本の女性は夫に知らせず、好きな所に行く自由をもっている」「日本では（堕胎は）きわめて普通のことで、二十回も堕した女性があるほどである」「日本の女性は（嬰児を）育てていくことができないと思うと、みんな喉の上に足をのせて殺してしまう」「日本では比丘尼《びくに》の僧院はほとんど淫売婦の街になっている」。

これらの記事を一読して、読者のなかには、これはヨーロッパ人の偏見なのではないか、と思う人も少なからずいるに相違ない。たしかに、フロイスはこのような日本の女性のあり方に批判的なのであるが、しかし一方で、ヨーロッパでは女性は文字を書かないが、「日本の高貴の女性は、それを知らなければ価値が下がると考えている」などとも記しており、ここにあげた記事も、私はかなりの程度、的確に事実を衝いていると考える。

たとえば、妻が夫を離婚するとか、離婚がしばしばあり、離婚された妻が名誉も失わないし、再婚にそれがなんの妨げにもならないということは、江戸時代の離婚について「嫁にいっても、夫やその親の気に入らなければ、かんたんに離縁された」とか、嫁は「自分から離縁をもとめることはほとんどできなかった」などといわれてきた、これまでの「通説」と大きく異なるように見える。しかし多くの離縁状の蒐集のうえに立って、江戸時代の離婚の実態を詳細に追究した高木侃の著書『三くだり半――江戸の離婚と女性たち』(2)によれば、むしろこの通説が誤りで、明治前期の離婚率の高さから見て、江戸時代の離婚の多かったことが推定され、事実、離縁状の研究によって見ても、江戸時代の離婚は夫の「専権離婚」ではなく、妻の「飛び出し離婚」がかなりあったから離婚が多かった、と考えられる。たしかに幕府法により、離縁状―「三くだり半」は夫が妻に与える形をとってはいるが、夫には離縁状を交付する権利があったというより、むしろその義務があったというべきだ、と高木は述べている。とすると、フロイスの記述はまったく不自然なく、江戸時代の現実に接続することになろう。

また、日本の女性は処女を重んじないとか、娘や妻が親や夫に知らせずに、自由に好きな所に何日でも行けるということは、フロイスよりも多少遅れてまとめられたスペイン人神父コリヤードの『懺悔録《ざんげろく》』(3)にも、別の形で記されているし、さらに、民俗学者宮本常一の名著『忘れられた日本人』(4)や『家郷の訓』(5)などに報告されている第二次大戦前後までの各地の民俗の実態を通しても、十分に理解しうる。宮本によると、「夜這《よば》い」の習俗はそのころは各地に生きており、神仏の祭りや参籠《さんろう》などの場では、「歌垣《うたがき》」がなお現実に行われていたという。また、漂泊する博労《ばくろう》が、夫のある女性と何人もかかわりを結ぶ話を、宮本は「土佐源氏」に見事にまとめ、娘が親に無断で家出をし、母の暗黙の支持のもとに、広い世間で世の中の勉強をしたことなどを報告している。

若い女性が二、三人で物詣での長旅に出かけ、綿つみ、稲刈りに働きに行く話も、宮本が述べているが、これは江戸時代でも同様であったろうし、さらに遡って、中世の絵巻物にも、市女笠《いちめがさ》をかぶって顔をかくした壺装束《つぼしょうぞく》をし、わらじをはいて旅をする女性の姿を多く見出すことができる。(6) 一方、参籠の場で男女が入り交じって寝ている様子も絵巻物に描かれているが、弘長《こうちょう》元年（一二六一）、春日社の神主たちが、「社司・氏人の身を以て、社参の女人に対し、或いは大宮・若宮の間、若くは拝殿・著到殿の辺にて、密通慇懃、剰へ妄執を発す」るようなことがあってはならないと請文を書き、(7) 弘安《こうあん》八年（一二八五）の石清水八幡宮《いわしみずはちまんぐう》に対して発せられた後宇多《ごうだ》天皇宣旨《せんじ》が、(8)「宝前参拝並びに通夜の時、男女雑居すべからざる事」と規定している事実によってみても、こうした場では世俗の関係が切れ、男女の自由な交渉が行われたことは明らかであろう。道や辻も同様の場で、道を行く女性に対する「女《め》捕《とり》」「辻捕《つじ》」は中世の諸法令で厳しく禁じられているにもかかわらず、一方で、「天下」の許すところともいわれ、供もつれず、輿《こし》にも乗らずに旅をする女性を「女捕《めと》」ることは、社会的に「公認」されていた一面もあったのである。(9)

これらの事実は、フロイスの記述がこの面でも正確だったことをよく物語っている。堕胎についての記事にしても、江戸時代、幕府の禁令にもかかわらず、いわゆる「間引《まびき》」が行われたという周知の事実が、その的確さを証明しているといってよい。

しかし、これによって日本の女性が、子どもの生命を大切にせず、性的にルーズで奔放だった、と見るのは的外れであろう。たしかにキリスト教徒であるフロイスは、その宗教的倫理から、ここであげた記事を多少とも嫌悪しつつ、批判的に記していることは間違いない。とはいえ逆に、こうした宗教的倫理によって規制されなかったがゆえに、日本の社会では男女の自由な関係が保たれ、それを通して一生の伴侶とするに悔いのない人を男女それぞれに見出すことができたともいえるし、女性は自由な旅を通して多くの人生経験を身につけることが可能になったことは事実なのである。頻々たる堕胎にしても、貧困と生活苦がそのひとつの理由であったのは確実であるが、単にそれだけでなく、当時の現実に対する女性の対処の仕方として考えてみる必要もあろう。

ただ、決して見逃してはならぬ問題は、このころの日本の社会において、キリスト教のような宗教、人々の生活の倫理にまで力を及ぼしうる宗教がなかったことで、十六世紀後半から十七世紀前半にかけて大きな影響力を及ぼしつつあったフロイスたちのキリスト教も、一向宗や日蓮宗などと同じく、強力な俗権力による徹底的な弾圧をこうむり、敗退したことは周知のとおりである。それが、さきのような人々の社会生活をその根底において律する、多少とも体系的な思想を、欠如とはいえないまでも微力なものにしたという結果を日本の社会にもたらしたのだとすれば、これは現代社会にも通ずる重大な問題を提起しているといわざるをえない。実際、もう一度、さきのフロイスの記述を読み直していただきたい。それは現代の社会状況とかなりの程度重なっているのではあるまいか。

これは「道徳的」、感情的にではなく、実証的、歴史的に解決されなくてはならない大問題であり、もとよりそれに解答を出す力を私は持っていない。ただここでは、フロイスの時代を遡り、十四世紀以前、まだ未開な呪術とも結びついた「聖なるもの」――神・仏、天皇等が、世俗の力をこえた存在として、現実に強い力を社会に及ぼしていた時期の女性のあり方について若干のべて、この問題を考えるうえでの読者の、ご参考に供しておきたいと思う。

二　納戸《なんど》・土倉《どそう》の管理者としての女性

若狭《わかさ》国太良《たら》荘は、全国の荘園《しょうえん》・公領《こうりょう》のなかで最も大量な関係文書が伝来している荘園であるが、そのなかにさまざまな女性が多数、姿を現わす点でも、またきわだった特徴を持っている。[10]

まず現われるのは、この地の開発領主丹生出羽《にうでわ》房雲厳に所領を譲ったその祖母小槻氏女、若丸という幼名を持つ雲厳を太良保《たらほ》で育てた乳母。この乳母は夫の死後、叡山《えいざん》に上って山僧となった雲厳の留守をまもり、その所領を預かっている。やがて雲厳は若狭国御家人《ごけにん》となるが、建久《けんきゅう》七年（一一九六）幕府に注進されたこの国の御家人の名簿（交名）には雲厳と肩を並べて、宮河武者所後家藤原氏がいる。後家という立場ではあるが、この女性は鎌倉幕府の御家人だったのである。

雲厳はまもなく零落し、若狭国最有力の御家人中原時国《ときくに》の保護をうけるようになるが、その所領のうち、太良保公文職《たらほくもんしき》に任命されたのは、時国の母中村尼であった。これは女性の荘官ということになる。さらに雲厳の所領末武名については、雲厳の所従乗蓮の息女藤原氏女と、時国の孫女中原氏女との間で十三世紀後半、長期にわたる相論《そうろん》が行われた。この名は御家人の所領だったので、両者はともに自らが御家人の女であることを主張し、敗訴した藤原氏女も一時期、正式に名主職に補任されている。

また東寺領となった太良荘の預所《あずかりどころ》は、当初、定宴という僧侶であったが、この預所職の世襲を定宴が認められたとき、東寺側から「女子が相継《あいつ》ぐべき」所職とするという条件をつけられたこともあって、鎌倉中期から南北朝期まで、この荘の預所となったのは、藤原氏女(東山女房)、藤原氏女、賀茂《かも》氏女、御々女など、代々女性であった。これらの預所となった女性たちは、決して名目的な存在ではなく、地頭《じとう》との訴訟を行い、なかには、百姓たちに輿を担がせて荘の政所に入部し、年貢・公事《くじ》を容赦なく責め取り、ついに百姓たちに糾弾された女性もあったのである。こうした事件に関連して、これらの女性が書いた平仮名の書状が伝わっているが、さきの末武名名主となった藤原氏女——結局は非御家人と判定された乗蓮の女もまた、平仮名で書状を書いている。フロイスは文字を知っているのは「高貴の女性」といっているが、少なくとも侍の下層、平民の上層の女性はすでに十三世紀後半、平仮名を書くことが十分にできたのであり、日本の社会における文字の普及は、フロイスの記述よりも早く、また深かったといわなくてはならない。

南北朝期に入り、十四世紀半ばには、太良荘の百姓名のうち、真村名《さねむら》・真利名《さねとし》をめぐる複雑な相論が起こるが、そこで登場する主役も善日女、観音女、若鶴女などの女性たちであった。河音能平が明らかにしているように、(11)ふつう公式の土地台帳には、女性名が現われないのが原則であるが、この善日女は康安《こうあん》元年（一三六一）の年貢員数注文に初石女とともにその名を連ねているのである。たしかにこの相論でも、さきの末武名の相論でも、前面に出て訴陳状にその名を現わす女性たちの背後には、夫たちの姿をうかがうことができるのであるが、百姓名の名主職を女性が相伝し、正式に補任されることは、十分にありえたと思われる。また、名主の地位を持たぬ一般の小百姓の場合にも、その住宅内の雑物を追補され、貞和《じょうわ》三年（一三四七）、その財産目録を書いて不法を訴えた黒神子《くろみこ》のような女性のいたことを知りうるので、この場合、黒神子は自らの屋の主であったと見なくてはならない。

以上のように、南北朝期までの女性は預所、現地の荘官、御家人あるいはその所領である領主名の名主、百姓名の名主として活動しているのである。ただ、前述したように太良荘には、現存する文書で見る限り、やや例外的に女性が多出するので、若狭国一二宮禰宜《ねぎ》の系図が男系のみならず女系までを記す全国的に見ても珍しい古系図である事実(12)とをあわせ、これを若狭の特質とする見方も成り立ちうる。たしかにこれはなお追究の余地を残す問題であるが、少なくとも西日本においては、太良荘の女性と同様の事例を個別的には見出しうるので、これを一般化することは大筋においては可能であろう。そしてそれはこのころまでの田《でん》畠《ばく》、屋地等の譲状《ゆずりじょう》・売券《ばいけん》の差出所《さしだしどころ》、充所《あてどころ》に、女性がかなりの比率で現われる事実にも照応しているので、女性が譲与・売買することのできる財産を持っていたことは間違いない。これもさきのフロイスの記述を裏づけているが、注目すべきは、特に屋地―家屋の売買・譲与に女性の現われる比率が高い点である。(13)

女性と家との深い関係について、保立道久は中世の家屋のなかでの塗籠《ぬりごめ》、納戸《なんど》の重要な位置づけに注目し、そこが夫婦の閨房であるとともに、財物の収納室であり、いわば「聖なる場」であったこと、女性はまさしくその管理者として「家女」「家刀自《いえとじ》」といわれたことを明らかにしている。(14) このように、いわば家の「聖地性」の中核ともいうべき場を女性が管理していたことと、南北朝期ごろまで借上《かしあげ》・土倉《どそう》といわれた金融業者に女性が多く現われることとは、間違いなく関連している。鎌倉末・南北朝初期の若狭国太良荘にも、近隣の津、小浜に本拠を持ち、「浜女房」とよばれた借上が、子息石見房覚秀とともに姿を現わし、荘内の名主や本所の東寺に「熊野御初尾物」「熊野上分物」を融通している。覚秀は熊野の山伏だったのであるが、徳治《とくじ》三年（一三〇八）、「日吉上分用途《ひえじょうぶん》」六十貫文を融通し、山城《やましろ》国上桂荘の相伝手継文書を質物としてとった平氏女も借上で、この女性は延暦寺《えんりやくじ》―山門と関わりがあったのであろう。『病草紙《やまいのぞうし》』は、「七条わたりにすむ、いえとみ食ゆたかなる」女性の借上を、太りすぎて歩くのも困難な姿に描いているが、まさしくこれは、女性の金融業者の姿を象徴的に示しており、これらの女性たちは、熊野や日吉の神々の、「聖なる神物」である「初穂《はつほ》」「上分《じょうぶん》」の名目で米・銭を管理し、それを金融の資本としていたのである。[15] そうした米銭や質物を収納した場が「土倉」であるが、鎌倉末期、尼妙円の遺領である京都の綾小路《あやのこうじ》高倉の屋地・土倉をめぐって相論したのはやはり勝智、加古女という女性であり、『祇園執《ぎおんし》行日記《ぎょうにっき》』にも康永《こうえい》二年（一三四三）、四条坊門富小路《とみのこうじ》の土倉「妙阿並アネ女」の名前を見出しうる。このように「聖なる」倉庫としての土倉を管理した人々のなかにも、また女性が多かったので、保立が「中世の女性はしばしば重要な文書や資産を預けられた」事実に注目しているのも、こうした女性の特質と関係することは疑いない。いわば、南北朝期までの女性は、それ自身、聖なるものに結びつく特質を、その「性」自体のなかに持っていたといえるので、女性が世俗の争いや戦乱のなかにあっても、「平和」な管理者になりえた理由もここに求められる。[16]

室町期以降、こうした女性の「聖性」は色あせてくるが、周知の日野《ひの》富子《とみこ》の事例によっても、女性の金融活動がなお行われていたことを知りうるし、夫に高利で財物を貸す妻にふれたフロイスの発言は、それが戦国期・織豊期にも続いていたことを証明しているといってよい。

るといってよかろう。

三　旅する女性たち

こうした女性の「性」自体の持つ「聖なる」特質は、旅する女性の場合、より明らかであるといってよかろう。

古代まで古く遡り、中世においても各神社をはじめ「アルキ」巫女《みこ》など、さまざまな面で活動した巫女についてはもとよりのこと、古代に「遊行女婦《ゆぎょう》」といわれた遊女についても、同じことが考えられるのである。最近の後藤紀彦の研究によって明らかなように、(17)古代の「遊行女婦」も、大宰府《だざいふ》などの官庁となんらかの関わりを持っていたと推測されるが、平安後期以降、津泊《つどまり》や宿に本拠を置いて遍歴しつつ、長者に率いられる自立した集団をなすようになった遊女、傀儡《くぐつ》、そして白拍子《しらびょうし》たちも、やはり「公庭」—朝廷に属するものといわれ、内教坊《ないきょうぼう》あるいは雅楽寮《うた》に属するなんらかの機関に統轄され、番を組んで朝廷の儀式などに奉仕をしていた。白拍子のなかに神社に奉仕した人のいたことも推定しうるので、これらの女性たちは、その芸能を通じて天皇・神などの「聖なるもの」に奉仕し、それに直属する、それ自身、多少とも「聖性」を持つ集団であったと見なくてはならない。それゆえ、少なくとも鎌倉時代までの遊女・傀儡・白拍子の社会的地位は決して低くなかったので、天皇・貴族の子どもを産み、勅撰《ちょくせん》和歌集にその和歌を採られた人々のいたことは、よく知られた事実である。

こうした遊女などのあり方を、後藤は天皇に直属する供御人《くごにん》に酷似するとしているが、平安末期以降、この称号を公認され、さまざまな職能を通じて天皇に奉仕したのは、商工民、芸能民など、基本的に非農業的な生業に携わる人々で、そのなかには多くの女性の姿を見出すことができる。女性の商人、高利貸は『日本霊異記《りょういき》』に花売の女人や仏の銭を出挙《すいこ》して大富になった女性を早くも見出しうるが、平安後期から鎌倉期にかけて炭を売る大原女《おはらめ》や「売物女」などが見えるのをはじめ、近江の粟津橋本供御人で京の六角町で魚を売る「女商人」、桂の鵜飼《うかい》で桂供御人《かつらくごにん》となった人々の女性で桂女《かつらめ》といわれた鮎売《あゆうり》商人、京の北方の山地で炭を焼き売る小野山供御人の女性、麹《からこ》・蒟蒻《こんにゃく》などを売る女性の精進供御人、さらに祇園社《ぎおんしゃ》に属し錦を売る女性の神人、同じく小袖を売る女性の安居《あんご》神人等々、天皇・神に直属する女性の供御人・神人は枚挙にいとまがないほどといってよい(18)。

男女を問わず供御人・神人は一般平民と異なり、課役・交通税を免除され、かなり広域的に遍歴し、交易に携わる職能民であったが、こうした特権を保証されたのは、これらの人々が天皇・神など「聖なるもの」に結びつく「聖別」された集団であったからにほかならない。そしてそのなかに、女性を数多く見出しうることと、さきにふれた女性の「聖性」とは決して無関係ではないと思われる。

実際、桂女のように、特徴的な白い衣で頭を巻いた被物《かぶりもの》をかぶり、魚などを入れた桶《おけ》を頭上にいただくという、一般の女性とは異なる衣裳を着けて、遍歴、交易の旅をするこれらの女商人たちは、そうした姿によって自らが「聖別」された女性であることを示していたと見ることができる。前述した絵巻物に描かれた旅する女性たちの場合は、もとよりこうした職能民ではなく、物詣などに行くふつうの女性であると思われるが、さきにふれたように、市女笠《めがさ》をかぶって顔をかくし、袿《うちぎ》を着てかけだすきをつけ、脛巾《はばき》をつけ、わらじをはくという旅装束それ自体が、のちの巡礼姿と同様、世俗からはなれ、「聖なる世界」を行く女性と見られたのであろう。

このように、中世においては、その目的はさまざまであるが、「旅する女性」はわれわれが「常識的」に想像するよりもはるかに多かったものと思われる。そしてそうした旅は、鎌倉・南北朝期までは、神仏などの「聖なるもの」とのつながりによって支えられており、遍歴する職能民にせよ、一般の女性にせよ、旅姿の女性にたやすく手をかけることをはばからせるものがあったのである。また、道路、橋、津泊、市、さらには宿、寺社など、旅する人々の通る場そのものも、世俗の縁の及ばぬ、やはり「聖なる世界」とつながりを持つ場として、そこで起こったことは、その場のみで処理し、俗界には及ぼさないとする、きわめて根深い慣習のあったことも、(19)女性の旅を容易にしていたに相違ない。

しかし、室町・戦国期以降、天皇をはじめ、それまでの多少とも呪術と結びついた神仏の権威は、決定的に低落していく。そのことが、遊女や巫女など、「聖なるもの」の権威に依存するところ大であった女性の芸能民、宗教民の社会的地位を低落させ、かつての「聖別」は賤視の方向への差別に転化したことについては、すでに明らかにされているとおりである。商工業に携わる職能民の女性にも、それが甚大な影響を及ぼしたことは間違いないといってよい。

とはいえ、戦国期に入るころに作られた『七十一番《しちじゅういちばん》職人《しょくにん》歌合《うたあわせ》』には、きわめて多くの女性の「職人」―職能民の姿が描かれており、女性のこの分野での活動がなお著しく活発だったことは明らかである。すでによく知られている事実であるが、それを列挙してみると、山海の幸をひさぐ大《お》原女《はらめ》、魚売、心太《こころぶと》（ところてん）売、農産物およびその加工品を売る酒作、餅売、麴《こうじ》売、米売、豆売、豆腐売、索麵《そうめん》売、繊維製品を作り売る紺搔《こうかき》、機織《はたおり》、帯売、縫物《ぬいもの》師、組師、摺師《すりし》、白布売、綿売、その他の手工業製品にかかわる扇売、白物《しろいもの》売、挽入《ひぎれ》売、紅《べに》粉解《とき》、燈心売、畳紙《たとうがみ》売、薫物《たきもの》売、宗教・芸能民である女盲、立君《たちぎみ》、辻子《ずし》君《ぎみ》、牙儈《すあい》、白拍子、曲舞々《くせまいまい》、持者、巫《かんなぎ》、比丘尼《びくに》などをそこに見出すことができる。こうした絵巻物だけではなく、他の文献史料によってみても、魚売、酒売、餅売、塩売、帯売、扇売、紺灰《こうばい》売などの女性の商人・手工業者の活動をこの時期にも確認できるので、なかには天文《てんぶん》十六年（一五四七）、塩座の座頭のひとりとなった五位女や、長享《ちょうきょう》二年（一四八八）、洛中帯座座頭職となった亀屋五位女、さらに扇売の本座の「おとな衆」になった「御料人《ごりょうにん》」「女房」などとよばれる女性たちなどもいたのである。[20]

商工業など、世俗性の強い生業に従事した女性たちは、「聖なるもの」の権威の低落後も、それぞれの職能を通して、それなりの社会的地位を確保していたのであり、安土・桃山期の「洛中洛外図《らくちゆうらくがいず》」にも、扇屋・紅屋などの店棚で女主人として立ち働く女性の姿を見ることができる。それとともに、そこには客を引く遊女と傾城屋《けいせい》、道を歩く熊野比丘尼、瞽女《ごぜ》、大原女などが描かれ、最近、注目されるようになった「社寺参詣曼荼羅《しやじさんけいまんだら》」には、様式化した女性の参詣者や巡礼、巫女などが描き込まれている。(21)これらの図像は、女性の旅が依然としてさかんだったことを物語っており、女性の自由な旅についてふれたフロイスの記述が事実をとらえていることは明らかである。そして熊野比丘尼の動きを考えれば、比丘尼の寺が淫売婦の街だったとされているのも、決して作り事ではなかろう。

しかしこれらの絵画に描かれた道を行く男性の職能民が、琵琶法師、猿曳《さるひき》、鉦叩《かねたた》き、勧進《かんじん》聖《ひじり》のように、戦国期から江戸時代にかけて卑賤視された人々であることから見て、さきの熊野比丘尼や瞽女、さらには遊女などが同様の賤視のもとに置かれていたことは明らかといわなくてはならない。「聖性」をはぎとられたこれらの女性はこうしてしだいに社会の暗部に追い込まれていくのであるが、商工業に携わる女性についても、大原女のように遍歴・行商を主とする人々については、これらの芸能民に近い立場に置かれたものと思われ、店棚を持つ女性も時とともにその姿が減少していくことは間違いない。

また、海村においては、江戸時代になっても女性が公的な場に姿を見せることが相対的に多く、備中《びっちゅう》国真鍋島には、江戸初期、全国でもただ一例、女性の庄屋が現われるが、農村部では、さきの太良荘でも室町期以降、女性がほとんど見られなくなることからも知られるように、女性の姿は江戸時代、公の舞台から消えていくのである。

もとより、そうした表の世界にかくされながら、宮本常一が描いたような活発な「女の世間」があったことは十分考えておかなくてはならないとはいえ、全体的に見て、女性の社会的地位が室町期以降、低落していったことは事実といわなくてはならない。そしてそれが、職能―「芸能」の持つ「聖性」、さらには女性それ自身の「聖なる世界」との結びつきが消えていったことと、不可分の関係にあることは、上述してきたところからも明らかであろう。しかし前述したように、キリスト教に相当するような宗教を欠いた日本のこの時期の社会において、女性の前代以来の「聖性」が潜在し続けていたことは当然予想されるので、天理教をはじめとする「新興宗教」の教祖に女性が多いことも、おそらくこれと無関係ではあるまい。

これらの問題はすべて今後の研究にゆだねるほかないが、ここで述べてきたような日本の社会における女性のあり方に、世界の諸民族のそれと共通したものがあることは間違いない。とはいえ、フロイスが驚いているような独特なもののあることも事実であり、それをさらにつきつめて解明することは、単に女性のみにとどまらぬ日本の文化、社会の特質を明らかにするためにも重要な課題である。その解決のために、本稿がごく小さな足掛かりにでもなれば幸いである。

注

(1) ルイス・フロイス著、岡田章雄訳注『ヨーロッパ文化と日本文化』岩波文庫、一九九一年。松田毅一、E・ヨリッセン『フロイスの日本覚書』中公新書、一九八三年。
(2) 高木侃『三くだり半——江戸の離婚と女性たち』平凡社　一九八七年。
(3) コリヤード『懺悔録』岩波文庫、一九八六年。
(4) 宮本常一『忘れられた日本人』岩波文庫、一九八四年。
(5) 宮本常一『家郷の訓』岩波文庫、一九八四年。
(6) 渋沢敬三・神奈川大学日本常民文化研究所『新版　絵巻物による日本常民生活絵引』平凡社、一九八四年。
(7)『福智院家文書』九九号。
(8)『石清水文書之二』。
(9) 網野善彦『異形の王権』平凡社、一九八六年。
(10) この荘園の事実については、拙著『中世荘園の様相』塙書房、一九六六年参照。
(11) 河音能平「中世前期における女性の地位」女性史総合研究会編『日本女性史　第2巻　中世』東京大学出版会、一九八二年。
(12) 網野善彦〈中世における婚姻関係の一考察〉「地方史研究」一〇七号、一九七〇年。
(13) 網野善彦『増補　無縁・公界・楽』平凡社、一九八七年。

(14) 保立道久『中世の愛と従属』平凡社、一九八六年。
(15) 網野善彦〈中世の負担体系——上分について——〉「三浦古文化」四一号、一九八七年。
(16) 注(13)参照。
(17)〈遊女と朝廷・貴族〉「週刊朝日百科　日本の歴史、中世I—③　遊女・傀儡・白拍子」朝日新聞社、一九八六年。
(18) 網野善彦『日本中世の非農業民と天皇』岩波書店、一九八四年。
(19) 注(18)参照。
(20) 網野善彦「中世の旅人たち」日本民俗文化大系第六巻『漂泊と定着』小学館、一九八四年。
(21) 西山克〈社寺参詣曼荼羅についての覚書II〉「藤井寺市史紀要」第八集、一九八七年、大阪市立博物館編『社寺参詣曼荼羅』平凡社、一九八七年。

第二章　遊女と非人・河原者

はじめに

最近、急速に新たな進展を見せつつある仏教史の諸研究は、いわゆる鎌倉新仏教の祖師たちが、ほぼ共通して、女性と非人の救済を自らの重要な課題としていたことを明らかにしつつある。

「世ニタクヒナキ悪人ナレ共、南無阿弥陀仏トトナヘイレハ、一念ニテモ、決定往生ヲトケ候ナリ」(1)といい、女性の「不浄」を否定し、遊女往生譚によって知られる法然《ほうねん》、「悪人正機《あくにんしょうき》」を強調し、妻帯を積極的に肯定した親鸞《しんらん》はいうまでもない。近年の細川涼一の研究(2)によって、非人の救済に力を注いだ叡尊《えいぞん》―中世律宗《りつしゅう》が、一方で、衰退した尼寺の興隆につとめ、正統の如法比丘尼《びくに》を誕生させ、女性の救済にひろく道をひらいたことも明らかにされた。また「一」を法名に持つ多くの尼衆を、当初から教団に加えた一遍《いっぺん》もまた、女性・非人の結縁《けちえん》、往生《おうじょう》を、その核心的課題のひとつにしていたと考えられる。自らを「旃陀羅《せんだら》の子」とい

った日蓮《にちれん》も、女性の「血穢」による不浄視《ふじょうし》を、仏典に依拠して否定したといわれているのである。(3)

この事実は、十三世紀後半から十四世紀にかけての社会の大きな転換のなかで、非人と女性の社会的地位に決定的な変動が起こりつつあること、それが根底において根を同じくする問題につながっていることを、明瞭に物語っているといってよかろう。

ここで、遊女・白拍子《しらびょうし》などを非人・河原者などとともに取り上げる理由も、またそこにあるが、この分野の研究も最近、めざましい発展をとげつつあり、すでにこうした問題もかなりの程度まで解決されようとしている。

なかでも、被差別部落形成史の解明のための焦点のひとつとなった非人・河原者等の研究は、ここ十年ほどの間に驚くべき発展をとげた。なかんずく、丹生谷哲一の広い視線を持つ研究(4)によって、それは猿楽《さるがく》などの芸能民から、さらに王朝・室町幕府の下級官人にまで及ぶひろがりを持つ問題となるにいたっている。そしてこれらの人々に対する差別の重要な要因である「穢」についても、山本幸司(5)、勝田至等(6)によって、その本質が明快に解明されつつある。

また、女性史の研究の著しい活発化のなかで、仏教と女性の関わり方に焦点を当てたすぐれた研究がつぎつぎに世に問われる一方、遊女・傀儡《くぐつ》・白拍子についても、史料を博捜《はくそう》した後藤紀彦の実証的な研究(7)によって、その実態が解明され、いまやかつての滝川政次郎の研究(8)

をはるかにこえる段階に到達している。

こうした諸研究の驥尾《きび》に付して、私自身も、すでに別の機会にしばしばこれらの問題に言及したことがあり、(9)いまこれに付け加えうるだけの新たなものをほとんど持ち合せていないのである。それ故、ここでは、非人・河原者等をめぐる問題について、一、二の新たに気づいた史料に即して、これまでの知見に補足を加え、遊女・白拍子等については、これを日本の社会における女性全体の問題のなかに、あらためて位置づけ直しつつ、これらの人々が中世後期以降、社会的な賤視の対象とされ、ついに江戸時代にいたって被差別身分として固定化されるにいたった事情についても、若干言及することによって、当面の責を果たしておきたいと思う。

一　清目《きよめ》・犬神人《いぬじにん》・馬借《ばしやく》

非人、河原者、清目、犬神人等のそれぞれのあり方、相互の関係については、かなり明らかになりつつあるとはいえ、なお不明な点も少なくない。

寛元《かんげん》二年（一二四四）四月の大和《やまと》国奈良坂非人陳状案に(10)「清水寺一伽藍《がらん》之清目」「本寺最初社家方々之清目、重役之非人等也」「本寺重役清目之非人等」などとあることから知られるように、「清目」は「非人」の別称でもあり、また大山喬平が指摘しているように、(11)穢《けが》れを「キヨメ」る広義の非人の職能を表現する語であった。しかし平安期から鎌倉期にかけて史料に現われる「清目」を、直ちに狭義の「非人」と同一の集団の人と見ることのできない場合がしばしば見出される。

　例えば丹生谷哲一が注目した[12]『醍醐雑事記《だいごぞうじき》』に見える「清目」は、障泥《あおり》、裏無《うらなし》などの革製品を貢納しており、これは南北朝期、祇園《ぎおん》社に所属して、やはり裏無《うらなし》を調進した河原細工《かわらさいく》丸《まる》につながる人々と見るべきであろう。そして「丸」といわれ、犬神人とは明確に区別されている点から見て、この集団は僧形《そうぎょう》・覆面の犬神人—非人とは異なる俗体・童形の河原者の集団であったと思われる。

　しかし、祇園社の『社家記録』[13]観応《かんのう》元年（一三五〇）八月廿八日条に、処刑された土岐《とき》周清等の頸を「細工丸」が取り入れるとある反面、同記、正平《しょうへい》七年（一三五二）八月廿三日条には、犬神人が西大門壇葛《だんかずら》の修治を行っており、河原者を土木、犬神人を葬送ときめてしまうわけにはいかないのである。

　さらに北野社の弘安《こうあん》六年（一二八三）の『神事記録』[14]には、三月三日、七月七日、九月九日に裏無を進めている「清目丸」が見えるが、この人々は「号二犬神人一」といわれている。この「清目丸」は、つとに三浦圭一が目を向けた[15]、徳治《とくじ》二年（一三〇七）三月、北野社に陳状を提出した[16]「野口御清目六郎男」、六郎が「一所同心」の清目といった小法師《こぼうし》太郎などに当たる人々で、「非人」というより俗体の「河原細工丸」であったことは、まず間違いないところであろう。

そのような人々が自らを「御清目」と名乗るとともに「犬神人」と号していたという事実は、さまざまな意味で注目すべきで、いずれもが自らを「清目」と称する「河原細工丸」と「非人」との間には、その衣裳、髪形などの違いはあったとしても、さほどの距離がなかったこと、その双方にとって「犬神人」という称号を名のることが大きな意味を持っていたことを確認することができる。

犬神人が「畿内近国犬神人」といわれることのあった事実、鎌倉の鶴岡八幡宮《つるがおかはちまんぐう》にも犬神人が属していたことなどを、これとあわせてみれば、犬神人の称号が祇園社に属した清水坂の「非人」のみにとどまらず、各地の神社に属する「清目」を職能とした人々に広く認められていたことも間違いないといえよう。(17) さきの北野社の「神事記録」で「清目丸」は他の神人たちと同様の位置づけを与えられており、別の機会にたびたび強調してきたように、(18) 鎌倉・南北朝期の「非人」や「河原細工丸」――「清目」が、神仏に直属する一種の「聖別」された職能民としての立場に自らを置こうとし、また実際にもそうした立場を社会のなかで保っていたことは明らかといってよかろう。

しかし北野社の「清目丸」は、室町後期には延徳《えんとく》二年（一四九〇）三月の土一揆の閉籠《へいろう》によっておこった北野社の焼亡に当たって、「ヱモツ」(穢物)を「キヨメ」た「カハラノ物」として姿を現わし、そのさい、釘・鎹《かすがい》をとったことが問題となっている。(19) また、この「清目丸」

と直ちにつながるかどうかは明らかでないが、同じころ、西京には「しやうもし」―声聞師《しょうもんじ》ともよばれた俗体の「散所者《さんじょ》」がおり、掃除をはじめ、井戸替《いどがえ》や堀を掘るなどの土木工事に従事しているのである。[20]

そして、五ヶ所、十座といわれた大和の声聞師たちが、「七道者」といわれた、猿楽、アルキ白拍子、アルキ御子、金タ、キ、鉢タ、キ、アルキ横行、猿飼《さるかい》を支配していたことは、よく知られた事実であり、[21]その機能をそれぞれに分化させつつあったこれらの人々に対する社会的な差別、賤視が、この時期、すでに支配的になっていたことも、広く認められているといってよかろう。

とすれば、さきにもふれたように、十四世紀がこうした人々の社会的地位を大きく変動させた画期であったことも承認されてよいのではないかと思うが、もうひとつここで注目しておきたいのは、十五世紀に入り、馬借《ばしゃく》が犬神人と並んで住宅破却を行っているという事例が見られる点である。

正長《しょうちょう》元年（一四二八）七月廿七日、山門西塔院釈迦《しゃか》堂に、山徒たちが閉籠、訴訟を起こした。[22]この事態は一ヶ月以上つづいたが、閉籠衆は八月廿七日、衆議事書を書き、[23]北野社の公文所《くもんじょ》にこれを触れている。

北野社が山門の末社であるにもかかわらず、諸門跡《もんぜき》に順（ママ）じて綱所を建てたこと、曼殊院《まんしゅいん》門跡の管領する北野《きたの》社政所職《まんどころしき》を押領したこと、北野芝を打ち開いて土貢《とこう》を取ること、社頭の外廊、大堀などを城廓のように構えること、京都の土倉《どそう》の沙汰する麴《こうじ》を先例と号して停止し、起請文《きしようもん》を書かせ、これを「山上の下知《げち》」と号するのは「希代《きだい》不思議奸曲」であることなど、五箇条をあげて、閉籠衆は北野社を糾弾し、もしもこれに従わないならば、犬神人と馬借を差し遣わして、住坊を破却すると、北野社側を威嚇しているのである。

これに対し、翌八月廿八日、北野社の西京神人《じにん》が閉籠、[24]この問題はやがてのちのいわゆる「文安《ぶんあん》の麴《こうじ》騒動」にまで発展していくのであり、西塔院釈迦堂の閉籠衆の動きについても、その背景に西京神人の麴業独占の問題をふくむさまざまな問題が伏在していたと思われるが、[25]その点は今後の検討を期し、ここでは馬借が犬神人《いぬじにん》とともに、住宅破却―広義の刑吏の役割を果たしている事実に注目したい。北野社側では閉籠した西京神人の説得につとめるとともに、犬神人の発向という事態を避けるため、幕府を通じて祇園社執行に働きかけているが、[26]そのさい、上林房が馬借・犬神人の年預なので、幕府側もとくにその点に配慮してほしいとしていることも重要で、犬神人と馬借が同じ年預によって統轄されていたことが、これによって判明する。犬神人が西塔釈迦堂寄人《よりうど》であったことは、南北朝期の史料[27]によってすでに周知の事実であるが、馬借もまた同様の山門寄人《さんもんよりうど》であったのである。

馬借と犬神人とが、ともに住宅破却を行った事例はこれだけではない。『天台座主記《てんだいざすき》』宝《ほう》徳《とく》元年（一四四九）十二月一日条によると、寺領についての確執によって、山門公人、馬借、犬神人等が六条東洞院の万寿寺に発向し、一塔頭を打ち毀《こぼ》ち、乱入、狼藉《ろうぜき》を働いたといわれている。これはすでに豊田武が注目している史料であるが、[28] これらの事実によって、山門に所属し、年預に統轄された馬借が、犬神人と同じ刑吏としての役割を果たしたことは間違いない。

もとよりこれのみによって、直ちに馬借の身分的地位、職能について、犬神人と同じと見るわけにはいかないが、勝俣鎮夫の指摘[29]によって周知のこととなった明応《めいおう》五年（一四九六）の馬借を含む郷民の土一揆《つちいっき》が「柿帷衆《かきかたびらしゅう》」といわれた事実を、これとあわせ考えると、馬借がこの時期、広い意味の「非人」に連なる立場にあったと推測することも可能になってくる。そして勝俣の判断のように、郷民もまた、馬借とともに非人の衣裳である「柿帷」を身につけたとすれば、ここに賤視されつつある馬借と行動をともにして一揆する郷民の動きが浮彫になってくることにもなろう。

さらに、このような非人に準ぜられる馬借のあり方は、応永《おうえい》元年（一三九四）九月の将軍足利義満《あしかがよしみつ》の日吉《ひえ》社参詣に当って、馬借が「今路々作《いまみちみちつくり》」と「御幸路」の掃除を命ぜられ、散所法師、河原者などと同様の仕事に携っている事実[30]によってみても、明らかといえよう。

それでは、馬借はいつごろから、またなぜ賤視されるようになったのであろうか。この問題を解明するためには、馬借の実態を細かく明らかにしなくてはならないが、すでに『新猿楽記《しんさるがくき》』に「貧飯愛酒《たんはんあいしゅ》」の女の夫として、牛に車を引かせる車借《しやしやく》とともに現われ、『醍醐雑事記《だいごぞうじき》』にも、執行職に雑事として牛、車を召される車借と並んで、馬を召されたとして姿を見せる馬借については、「悪党人」などといわれ、徳政一揆《とくせいいっき》に当たって活発に活動した南北朝末から室町期を中心に、豊田武が史料を博捜した研究[31]を行っているとはいえ、その鎌倉期以前の実状は、ほとんどわかっていないといわざるをえない。

　ただ、童形の牛飼童《うしかいわらわ》が、一方で院宮《いんぐう》、大臣家などに仕えるとともに、他方では北野社大座神人となり、室町期、京都の諸口を通行する旅人、商人たちから、短冊と引きかえに北野社の上分を徴収したことについては、竹内秀雄がすでに詳述しているが、[32]牛によって車を引かせる車は、これらの牛飼童と関わりがあったのではあるまいか。遍歴する供御人が関所料を徴収したように、牛飼童も交通と関わりがあったが故に、関料ともいうべき短冊御供を徴収しえたのだとすれば、それを車借と結びつけることは可能と思われる。

　もしもこの推定が認められるならば、相田二郎が早くから注目しているように、[33]京都の艮口《うしとらぐち》—鞍馬口において、率分《りつぶん》—関所料を徴収した殿下居飼《いがい》、関白家居飼がここに浮び上がってくるので、車借と牛飼童と同様、馬借をこのような院宮、摂関家等の厩《うまや》に属した舎人《とねり》・居飼のような人々と結びつけることも、不可能ではなくなってこよう。

　前述した義満の日吉《ひえ》社参詣のときに「御馬屋」の作事奉行《さくじぶぎょう》となったのが、さきに馬借、犬神人の年預として現われた西塔の上林房（このときは堯覚）であったこと、また周知のように、馬借がしばしば関と関連してその活動を行っていたこと、さらに厩が牢獄であったこと[34]などをこれに参照すれば、この推測もあながち荒唐無稽《こうとうむけい》とはいえないのではなかろうか。

この点については、今後なお追究すべき余地が広く残っているが、牛飼童や馬借が鎌倉期に神仏ないし貴人の直属民としての立場を持っていたことは確実であり、中世後期にもその立場を保持しながら、少なくとも馬借の場合については、社会的に「非人」と同様の扱いをうけるようになっていたことは、事実としてよかろう。

このような馬借などの地位の転換が起こった理由について、さらに推測を加えてみると、ここに動物――とくに牛・馬に対する社会の対応の仕方の大きな変化を想定することができると思われる。牛飼童の童形《どうぎょう》の意味について、別の機会にふれたように、(35)鎌倉期までの社会は牛・馬に、なお人の力をこえた、たやすく統御し難い力を見出していたと考えられるが、中世後期以降、牛・馬を「四つ足」「畜生」と見て、それ自体を穢れた存在として扱うような、江戸時代に少なくとも西日本では支配的であった見方が、次第に社会に浸透し、それが牛馬の皮、さらには牛・馬自体を扱う職能民に対する社会的な差別、賤視を生み出していったのであろう。

こうした動物に対する見方の変化は、単に忌避されるだけでなく、畏怖すべき事態であった穢れが、やはり十四世紀を境に、嫌悪・忌避されるようになっていくのと軌を一にした動きといわなくてはならない。非人、河原者《かわらもの》、清目《きよめ》に対する賤視も、そこに広く社会に浸透していくのであるが、遊女に対する賤視、さらには女性の社会的地位の低下も、またこの転換と深く結びついていることは確実、と私は考える。とすると、遊女、白拍子等について考えるためには、社会全体のなかでの女性の地位について、まず考えなくてはならないので、以下、その点にふれてみることにしたい。

二　女性の社会的地位

日本の前近代社会における女性のあり方は、世界の諸民族と比べても、やや特異なものがあるのではないかと思われる。

例えばそのひとつとして、女性と文字の関係をあげることができよう[36]。九世紀、漢字の草体から発展してきた平仮名が、宮廷を中心に女性の世界に用いられ、十世紀には「女手」とよばれる独自な文字体系となり、やがて独特の文体―「女文」を生み出していったことはよく知られた事実である。平仮名はもとより男性も用いたが、それは基本的には私的な世界において主として用いられたのであり、漢字・片仮名とはその機能を異にしていた。そして、平仮名はとくに美しく書く文字として書の芸術を発展させたことも[37]、その機能を考える場合に重要であるが、さらにこの文字を駆使して、女性がすぐれた文学作品を数多く生み出したことは、他の諸民族に余り見られない現象ではないかと思われる。

しかも『源氏物語』や『枕草子《まくらのそうし》』で周知の平安後期だけでなく、『とはずがたり』『竹《たけ》むきが記』などによって知られるように、女流の文学は十四世紀まで、すぐれた作品を生み出しているのである。たしかに十五世紀に入ると、文学作品として史上に残るような作品は見られなくなり、その点にも、後述するような、十四世紀を境とした女性の地位の転換をうかがうことができるが、女性の日記は十五世紀以降も数多く書かれている。

斎木一馬が詳細に跡づけているように、[38]女性の日記は十世紀の醍醐《だいご》天皇の皇后藤原穏子《おんし》の『太后《たいこう》御記』(『大宮《おおみや》日記』)を初見として、十四世紀まででも、若干の事例を見出しうるが、室町期から江戸時代を通じて『御《お》湯《ゆ》殿上《どののうえの》日記』をはじめ、中原師生の母の日記、『東式部局日記』『天上法院殿日記』から『静寛院宮《せいかんいんのみや》日記』等にいたるまで、宮廷の女性を中心に数多くの日記が残されている。

しかも見逃し難いのは、斎木のあげた女性の日記のなかに、伊藤仁斎《じんさい》の母「寿玄孺人万覚帳」、佐藤一斎《いっさい》夫人の日記など、宮廷とは関わりのない儒者の母、妻の日記が見出され、さらに十三世紀、親鸞《しんらん》の内室恵《え》信尼《しんに》も日記を記していたと斎木が指摘している点である。この事実を見ても、江戸時代、農村の庄屋《しょうや》・名主《みょうしゅ》・組頭《くみがしら》クラス、さらに都市の商人などの家の女性が文字を知り、読み書きができたことは確実といってよいが、別にのべたように、[39]十三世紀後半になれば、侍クラスの女性から平民上層の女性も文字を駆使していたことが、現存する文書によって確認しうるので、恵信尼の日記の存在もそれを裏づけているといえよう。

斎木は平安後期以降、史料学上「日記時代」といわれるほどの尨大《ぼうだい》な日記が書かれたことを「東西の諸外国にもその比類を見ないところ」とし、「わが国文化史上の一大偉観である」と強調しながら、そのなかで「婦人の手になった日記」の数が「きわめて乏しい」としている。たしかにそれは事実で、そこにはのちにものべる日本の社会における女性のあり方が作用しているといえようが、おそらくはなお未発掘の多くの日記のことを考慮すれば、これだけ女性の日記が残存しているということ自体、世界の諸民族には余り見られない日本の女性の特質といっても、決して言い過ぎにはならないと、私は思う。

実際、十六世紀ごろの日本の女性の識字率が西欧よりも高かったことは、ポルトガルの宣教師ルイス・フロイスも認めている。そのいわゆる『日本覚書《にほんおぼえがき》』において、[40]フロイスは「われらにおいては、女性が文字を書く心得はあまり普及していない。日本の貴婦人においては、もしその心得がなければ、格が下がるものとされる」とのべているが、現実はこれでもまだ過小の評価といえよう。

この覚書で、フロイスはさらに、日本の女性が処女の純潔を重んぜず、たびたびの離婚によっても名誉を失わず、再婚もできる、妻は自らの財産を持ち、夫にそれを高利で貸し付けることもあり、しばしば妻が夫を離別する、娘や妻は両親や夫に許可を得ないで、何日でも行きたいところへ行けるなど、戦国時代から江戸時代にかけての女性のあり方について、これまでの通念とは著しく異なることを記している。しかしこれらのフロイスの指摘が、必ずしも西欧人の偏見によるとはいい難く、少なくとも西日本の社会では真実を衝いていることについては、すでに別に詳述したので[41]ここではふれないが、それは宮本常一[42]や赤松啓介[43]が詳しく明らかにした女性をめぐる性の民俗の実態から見ても、十分うなずけることといってよい。

そして、ここでのべてきたような女性のあり方は、早くも古代から家父長制が確立し、その下にあって女性の社会的地位は低く抑圧され、自由を奪われていたとする従来の「常識」とはかなりかけはなれており、実際、最近の家族史の研究は、すでにこの「常識」を大きく崩しつつあるのである。

現在、活発に行われている古代・中世の親族組織をめぐる論議に立ち入る力を私は持たないが、日本の古代社会には、族外婚規制を持つクランのような親族集団は存在せず、インセストタブーはきわめて狭小で、婚姻結合は弱く、女性が財産所有の主体となりえたことなどが明らかにされており、(44)それはさきにふれたフロイスの覚書に、直接つながってくるとすらいいうる。

ただ、日本の社会の歴史に決定的ともいえるほどの意味を持ったのは、このような未開の柔かな特質を強く持つ社会が、それ自体の内発的な発展のなかで、畿内の政治勢力を中心として、すでに高度の文明のなかで鍛え上げられてきた中国大陸の、家父長制に基づく硬質の律令制度を受容した点である。それは天皇の問題をはじめ、社会のあらゆる面にその影を落しているが、女性のあり方にも強い影響を及ぼした。

まず一般平民の女性が、調《ちょう》・庸《よう》等の課役賦課《かえきふえき》から除外されたことによって、制度上、女性は公的・国家的な世界から排除されることになった。たしかに当時の社会においても、女性の労働分野は男性のそれと異なっており、男女間の分業が見られたとはいえ、さきにふれたように、女性は男性とさして違わない社会的地位を保っていたのであり、おのずとこの制度はそのままの形で社会に貫徹されはしなかった。『日本霊異記《にほんりょういき》』などによって知られるように、すでに奈良時代から女性が商業・私出挙《しすいこ》など、いわばこの制度の外の分野で活動していた事実は、そのことをよく物語っている。そして律令制の弛緩、無実化の進行とともに、女性の活発な活動が社会の表面に、よりいっそうはっきりと現われてくるのである。

別に詳述した通り、[45] 中世の荘園公領制の下で、預所《あずかりどころ》、公文《くもん》等の荘官、百姓名の名主などの公式の所職に女性が補任されることは、十四世紀までは決して例外的な事態ではなかった。また侍クラスの女性の場合、後家としての資格であったとしても、御家人《ごけにん》交名《きょうみょう》に名を連ねる女性が見られただけでなく、さきの商業・金融等の活動を発展させ、供御人《くごにん》・神人《じにん》等の職能民としての地位を公的に認められた女性は少なからずいたのである。

それ故、例えば志摩《しま》国泊浦江向のような都市的な場においては、多数の女性が在家の保持者として検注帳《けんちゅうちょう》に登録された事例[46]が見られるのであり、一般的にいっても、保立道久の指摘するように、その「聖なるもの」との結びつき――「無縁《むえん》」性を背景に、女性は家、倉の管理者であった。[47] こうした女性の性そのものの特質が、神事・芸能の場における巫女《みこ》・遊女等としての女性の活動の背景にあったことはいうまでもなく、商業・金融の分野での女性の活発な動きも、そのことと深く結びついていたと思われる。

とはいえ、河音能平が指摘している通り、[48]荘園・公領の検注帳、土地台帳にその名を登録されるのは、原則的に男性であり、とくに十四世紀をこえると、さきのような荘園・公領の所職への女性の補任は見出されなくなる。そして、村町制が形成される十五世紀以降において、村における公式の寄合、祭祀の成員は、男性で占められ、[49]ごくわずかの例外を除き、[50]検地帳や村の公式の役職に女性が現われることはなくなるといってよい。

ただ、商工業の分野では、十六世紀にもなお女性の活動を辿りうるので、町の場合多少とも事態は異なっていたと見なくてはならないが、江戸時代に入れば町もまた、村と同様の状況になっていったとしてよかろう。

もとよりこのような女性の地位の変化の根底に、親族組織の変化――家の確立、家父長権の強化等の社会的事情があり、さらにのちにもふれるような女性の「聖性」の稀薄化のあったことは事実であるが、そこに、公的な場から女性を排除した古代律令制以来の、制度的な立て前が作用を及ぼしていたことは、否定し難いのではないかと思われる。

また、支配者層―貴族の世界においても、家父長制的な原理に立つ律令制の導入により、女性は基本的に天皇の身のまわりのことを扱う「後宮《こうきゅう》」の女司のなかに位置づけられ、太政官を頂点とし、政策決定に与る官人組織から排除されることとなった。ここでも女性は、公的な表の世界から却《しりぞ》けられ、いわば私的な裏の世界に置かれることになったのであり、このことの社会に及ぼした影響も、やはり非常に大きいといわなくてはならない。

もとより、日本の社会における女性の実状に即して、中国風の律令制には数々の変改が加えられており、それがその後の女性の独特なあり方を生み出したことも事実である。例えば七、八世紀に多くの女帝が現われたこと、その女帝を含む太上《だいじょう》天皇に天皇と同じ待遇が与えられたことはきわめて重要であり、また四品《ほん》・五位以上の品・位階を持つ人に公認された家政機関の設置が、男性のみにこれを認めた唐令と異なり、女性にも認められている点も注目すべきである。関口裕子はこの事実から、女性もまた個人単位の所有に基づく経営を行いえたと見ているが(51)、これは、はるか後年、女院あるいは高位の女性が、女院庁《にょいんちょう》、政所《まんどころ》等の家政機関を持ち、名目的な面はあるとしても、十四世紀まで荘園支配者として多くの荘園群を継承・保持しえたことにまでつながることといってよかろう。

さらに考えておかなくてはならないのは、後宮―女性官人のあり方である。宮刑《きゅうけい》が行われず、宦官《かんがん》を用いなかった日本の社会において、後宮はすべて女性によって占められた点に、まず目を向ける必要があるが、各地域の首長たちから天皇に貢上された采女《うねめ》、神に仕える巫女を含む数多くの女性官人が後宮十二司に組織されたことは、さまざまな影響を女性に及ぼしたと考えられる。しかし、後宮、女性官人については、角田文衛(52)、須田春子(53)、玉井力(54)などによる詳細な研究があるとはいえ、なお十分にその実態が解明されたとはいい難い状況にあるので、いまはそれらの研究によりつつ、思いつく点について、若干ふれるにとどめておきたい。

まず、当然のことであるが、これらの女性官人たちが、男性官人たちと同様、文字の読み書きを身につけなくてはならなかったことに注目しておく必要があろう。日本の社会において、律令国家の支配下に入った地域の郡司《ぐんじ》・郷長《ごうちょう》クラスの人々を底辺とする中央・地方の官人が、識字層として形成されたのであるが、女性の場合は、さきのような制度的な規制下にあって、男性より機会は少なかったとはいえ、国衙《こくが》・郡衙《ぐんが》などになんらかの形で関わる人もありえたに違いない。それはいずれにせよ、各地域から宮廷に入った女性を含む女性官人たちにとって、文字を用いうることが必須の要件とされていたのであり、このことが宮廷の女性をはじめ、女性の識字層の形成に大きな意味を持っていたことは疑いないといってよい。

十世紀以降の女流文学が生まれる基盤は、まずこのようなところに用意されたのであるが、それだけでなく、奈良時代から平安初期の薬子《くすこ》の乱まで、権力者の妻や一族のものが女性官人の頂点にあって後宮を掌握し、政治に深く関与した事実によっても知られるように、宮廷内にあって女性が男性と比肩しうる独自な役割を果たし、すでに和歌の世界にすぐれた作品を多く生み出していることも見逃すことはできない。

その後、九世紀から十世紀にかけて、女御《にょうご》・更衣《こうい》制が成立する一方、内侍司《ないしのつかさ》をのぞく後宮十二司が次第に無実化し、内侍司をはじめ令外《りょうげ》の御櫛笥殿《みくしげどの》や糸所《いとどころ》などの機関を中心に、上臈《ろう》・小上臈・中臈・下臈に分かれた女房によって後宮が構成されるようになるまでの推移は、まだ細かくあとづけられていない。しかしこの推移こそが、文字を身につけた女性官人が女房として、その世界の文字、平仮名を駆使し、和歌をはじめ物語、日記等の文学の世界で大きな役割を果たすにいたる過程であり、今後の解明が期待されるが、奈良時代以来の両性の独自な立場が、政治上の公的な世界からしめ出されていたとはいえ、なお保たれていたが故に、このような女性の活動がありえたことは大筋において間違いないといってよかろう。

このころ形成されてきた貴族・官人の家格は、女房の世界にも、さきの上臈から下臈までの別として現われているが、その実態の究明、天皇に直属・奉仕し、伝宣《でんせん》から奉書《ほうしょ》発給を行い、剣璽《けんじ》・神鏡に仕えるなど、「聖なるもの」への奉仕者としての特質を色濃く持つ女房のあり方の立ち入った解明、さらに一般官司に見られた官司請負制が後宮の所々においてどのような形で行われていたかなど、この分野で明らかにされるべき問題は多く残されている。

ただ、中世の状況から遡ってみると、鎌倉・南北朝期、女孺《にょじゅ》猪熊を惣官とする内蔵寮《くらりょう》精進御薗供御人《みそのくごにん》、勾当内侍《こうとうのないし》が統轄する伊勢・志摩の蔵人所《くろうどどころ》供御人をはじめ、「内侍所毎月朔日供神物月充国々」が内蔵寮領目録に見え、御厨子所《みずしどころ》供御人の本拠粟津橋本御厨《みくりや》が内侍所を本家とし、越前《えちぜん》国三国湊《みくにみなと》の交益上分も内侍所日次供御料となっていること、さらに室町・戦国期に内侍所供御人が現われる事実[55]などから見て、内侍所が内蔵寮、内膳司《ないぜんし》、蔵人所、御厨子所などの内廷宮司、所々と深く関わりつつ、御厨《みくりや》・御薗・供御人などを保持、それによって、その経済が独自に支えられていたことは確実である。

その実状をさらに明らかにすることも今後の課題であるが、ここで注目しておきたいのは、女房の世界と、少なくとも南北朝期までは多くの女性を含んでいた供御人の世界とが、きわめて近接している点で、両者の間になんらかの交流がありえたと想定することも、決して的外れでないのではないかと思われる。

そして、必ずしも直ちにこうした経済的な問題とは結びつかないとしても、平安後期以降、南北朝期までの遊女の世界と、女房の世界との結びつきは、この場合以上に密接だったと考えられるのである。こうした問題を考慮に入れながら、つぎに遊女の社会的地位の推移についてふれてみたいと思う。

三　遊女と女房

遊女・白拍子などといわれた女性職能民集団が、長者に率いられた座的な組織を持ち、西日本は水辺の津《つ》・泊《とまり》、東日本は傀儡《くぐつ》ともいわれて宿々に根拠を置き、京・鎌倉との間を遍歴するとともに、一方では「公庭の所属」といわれて内教坊《ないきょうぼう》あるいは雅楽寮《うたりょう》などの内廷宮司に統轄され、とくに江口《えぐち》・神崎《かんざき》の遊女たちが「五節《ごせち》の舞」に当たって舞姫に仕える下仕として宮廷行事にも加わったことについては、すでに後藤紀彦が詳述している。(56) 後藤はまた、天皇、上皇、高位の貴族に寵愛されて、その子を生んだ数多くの遊女・白拍子がおり、鎌倉期はこうした女性を母に持つことは、官位の昇進になんら妨げになることなく、遊女・傀儡はこうした実情を背景として、かなり早くから、前者は光孝《こうこう》天皇の「姫君」、後者は村上《むらかみ》天皇の「姫君」を祖とするという伝承を伝えていた、という注目すべき事実に言及した。

さらに最近、豊永聡美は江口・神崎の遊女が「江口方」「神崎方」という形で、公的に宮司に把握されていたと指摘、常陸《ひたち》国守護八田《はった》知家《ともいえ》の子知重が、都において二条定輔の存在を背景に「白拍子奉行人《ぶぎようにん》」として白拍子らを統轄していたという、まことに興味深い事実を明らかにした。(57) そして、西園寺《さいおんじ》公経《きんつね》、徳大寺《とくだいじ》公継《きんつぐ》などに即して公家社会と遊女との密接な関係にふれ、宿の遊女の長者がその地域の有力な一族の出身であったとしているのである。

実際、『民経記《みんけいき》』寛喜《かんき》元年（一二二九）六月一日条に、北野社の毎月の朔幣《さくへい》は「白拍子等巡役」とあるように、白拍子はこうした公的な行事に、おそらくは番を結んで順番に奉仕していたのである。とすれば、さきの「白拍子奉行人」も、定輔、知重等の私的な関係のみによるのではなく、なんらかの機関に関わる公的な役職と見てよいと思われる。

こうした遊女・白拍子のあり方を、豊永は「長者的存在」のみに限定しようとしているが、豊永自身も認めている通り、平安後期から鎌倉期にかけての第一次史料にきわめて数多く姿を現わすこれらの女性たちに即して、それを広く確認することができるとすれば、このあり方をこの時期の遊女・傀儡・白拍子等の職能集団そのものの実態と考える方が自然であろう。そこに史料に現われない遊女等を想定することは、問題を不可知の世界に導いてしまう結果になるのではなかろうか。

それはいずれにせよ、後藤・豊永等の実証的な研究により、遊女・傀儡などを「化外の民」とする見解が成り立たないことは、もはや明白となった、と私は考える。

その上で、今後追究される必要のある問題は、こうした女性職能集団の形成過程、さらにはその増加、発展の実態についてである。

滝川政次郎のように、朝鮮半島の伎女や芸能民との類似からこれを「異民族」と見ることが、偏見に基づく誤りであるのはいうまでもないが、[58] 江戸時代に見られたような困窮のための女性の身売りをここに想定することも、その唯一の根拠であった「白拍子玉王請文《うけぶみ》」のこれまでの解釈の誤謬が明らかになった以上、[59] もはや成り立ち難いといわなくてはならない。

とするとさきにふれたように、女房、さらに遡って女性官人との関係が浮び上がってくるので、少なくとも遊女・白拍子で女房になる人々のあったことは間違いない事実である。すでに後藤が言及している、後白河《ごしらかわ》の子を生んだ江口遊女の一臈は、内膳司《ないぜんし》紀孝資の娘で丹波《たんばの》局《つぼね》といわれており、[60] 後鳥羽《ごとば》の寵姫《ちょうき》で承久の乱の直接の原因をつくったとされる白拍子亀菊《かめぎく》は、伊賀局《いがのつぼね》とよばれる宮廷の女房となっていた。また『民経記』貞永《じょうえい》元年（一二三二）二月六日条に、北白河院《きたしらかわいん》の女房督局が「艶色之傾城也」といわれていることにも注目すべきであろう。このように、天皇・上皇・女院などに仕える女房のなかには、遊女・白拍子出身の女性が少なからずいたのである。

後藤はまた、後鳥羽の近臣の貴族たちから遊女に贈られた和歌の懐紙《かいし》をあげ、当然これに対して遊女は返歌を返したとして、遊女の教養の高さにふれているが、(61)周知のように、『後《ご》拾遺《しゅうい》和歌集』の遊女宮木、『千載《せんざい》和歌集』の遊女戸戸、『新古今和歌集』の遊女妙、『玉葉《ぎょくよう》和歌集』の遊女初君など、勅撰《ちょくせん》和歌集に遊女の和歌が採られている事実も、そのことを裏づけている。

このように、遊女・白拍子は、女性の識字層のなかに確実に入っているのであるが、このことは、女性官人・女房の世界との密接なつながりを想定すれば、ごく自然に理解することができよう。

そして逆に、女房たち自身、「遊女的」といってもよいあり方を示している点にも注意しておかなくてはならない。細川涼一はさきの後鳥羽の寵姫伊賀局が法然の弟子遵西《じゅんさい》・住蓮《じゅうれん》と密通事件を起こしたことにふれ、これを「『性』を『聖なるもの』として自律的に生きた女性」の「ノンモノガミイ」な姿と見ている。(62)しかし白拍子出身の伊賀局だけでなく、『とはずがたり』の作者後深草《ごふかくさ》院二条も、後深草だけでなく、亀山、西園寺実兼《さねかね》、法助法親王、鷹《たか》司兼平《つかさかねひら》など、多くの男性と交渉を持っているのである。こうした二条の「愛の遍歴」を通じて知られる宮廷の状況を、「乱倫」「乱脈」と評するのが、これまでふつうの見解であるが、むしろこれはこのころの女房の一般的なあり方と見てよいのではなかろうか。
実際、周知の和泉式部《いずみしきぶ》をはじめ『とはずがたり』の前斎宮《さきのさいぐう》愷子内親王など、こうした事例は数多く見出すことが可能である。また宮廷を離れたのちの女房二条の東国・西国への旅は、まさしく「遊女」的な遍歴といっても、決して言い過ぎではあるまい。

このように考えてみると、その集団の形成期において、遊女が宮廷の女性官人を、少なくともひとつの重要な源流としていたと推定することは、十分に可能と思われる。すでに滝川、後藤等の指摘するように、内教坊には舞妓・妓女が属していたのであり、天平《てんぴょう》二年（七三〇）、大納言《だいなごん》を兼ねることとなった大宰帥大伴旅人《だざいのそちおおとものたびと》の帰京のさい、袖を振って名残りをおしみ、和歌を贈った「遊行女婦」児島が、大宰府の「府家」にあって「府吏」のなかに立ち交じって旅人を送っていることは（『万葉集』巻第六）、大宰府のような地域の官衙《かんが》にも、こうした女性が属していたことを推測させる。

九世紀から十世紀にかけて、律令制が弛緩・変質していく過程で、諸官司の下に組織されていた多様な職能民が、それぞれに独自な職能集団を形成していったことは、「非人」の場合を含めて広く確認しうるが[63]、遊女の場合も基本的に同様の経緯を考えてよいと思われるので、国家的な保証を期待しえなくなった後宮十二司等に属する女性官人のなかで、芸能を身につけた女性をはじめ、下級の女性官人たちが、独自の女性職能集団としての遊女のひとつの中心をなしていったのではなかろうか。

もとより従来から指摘されてきたように、神に仕える巫女もまた、遊女の源流のひとつと考えることができるが、(64)こうした巫女と遊女との深い結びつきと、いまのべたこととは決して矛盾するものではない。何故なら、中国風の制度的形式を与えられていたとしても、女性官人はその根底に「聖なるものへの奉仕者」の性格を潜在させていたのであり、また各地の有力な神社に属した巫女の場合、律令制の下ではその制度内に組織された「官人」としての側面を持っていたといいうるからである。

このようにして、十世紀以降、文字を駆使して和歌を作るだけの教養と、歌舞などの芸能を身につけ、「性」そのものを「聖なるもの」として、「好色」を芸能とする女性職能集団としての遊女が、内廷宮司の統轄の下に姿を現わしてくる、と私は考えてみたい。白拍子はそのなかから生まれてきた女性の独自な芸能であった。

ただ、西日本の遊女が少なくとも鎌倉期まで、専《もっぱ》ら船を操って津泊で活動しており、東日本の傀儡—遊女が陸上の宿に根拠を置いていたことは、注意しておく必要がある。西日本の遊女のこうしたあり方の背景に、海民の社会があったことは、まず確実なのではないかと思われるので、この点は東アジア・東南アジアなどの社会との比較を通して、さらに追究されなくてはならない。傀儡の場合、その背景には狩猟民の社会を想定することも可能であるが、これはやはり今後の問題である。

ただ、そうしたことから、直ちに「異民族」「化外の民」を連想するのは大きな誤りで、官位を持つ職能民が広くいたことを考えれば、遊女・傀儡が非農業民の社会に背景を持つことと、その宮廷との結びつきとは、なんら矛盾しないのである。

ところがこうした特質を持ち、天皇家、高位の貴族とつながり、全体として社会的な地位も決して低いとはいい難いこれら遊女・傀儡・白拍子などの集団が、十三世紀後半から十四世紀を境として、劇的といってもよいほどにその地位を低下させ、ついには社会的な賤視の下に置かれるようになっていくのである。

すでに後藤が詳しくのべている通り、(65)十四世紀には京に定住するようになりはじめたと見られる遊女たちは、辻子君《ずしぎみ》とよばれ、その集住地は地獄辻子、加世辻子と通称された。地獄辻子——「ちこくかつし」はすでに建武《けんむ》二年（一三三五）の文書（「真珠庵文書《しんじゅあんもんじょ》」）に現われるので、その形成は十三世紀後半にまで遡りうると思われるが、この呼称自体に、遊女に対する賤視の進行をうかがうことができる。

こうした遊女の屋は「傾城《けいせい》局《のつぼね》」といわれ、立君《たちぎみ》とよばれた街娼までふくめ、遊女はこのころも「上臈《じょうろう》」と通称されていた。そこにかつての遊女と女房の世界とのつながりをうかがい見ることができるが、それはさきの天皇始祖伝説とともに、もはや過去の栄光のみじめな残影でしかなかった。実際、室町期以降の「傾城局」は河原者・非人などと同じく、京都では検非違使《けびいし》の統轄下に置かれ、「仲人方」と「出合方」にわけられて、「亭主《ていしゅ》」とよばれた男性から公事《くじ》が徴収されていた。(66)ここにいたって、遊女は女性独自の自律的な職能集団としての特質も失っていたのである。

そして、江戸時代に入ると、京、江戸などの大都市において、遊女屋は堀と土居をめぐらした特定の地域—遊廓《ゆうかく》に囲い込まれた「悪所《あくしょ》」となっていた。同じころ、各地域の港町をはじめとする都市にも傾城屋・傾城町が広く現われる。例えば、秋田の院内銀山町《いんないぎんざん》には、江戸初期、傾城町が形成されていたが、『梅津政景《うめづまさかげ》日記』によると、慶長《けいちょう》十七年(一六一二)、院内傾城役を請負っていた美濃《みの》之二郎兵衛は、やはり「傾城のてい主」とよばれている。(67)ここでも傾城屋は男性が統轄、経営していたのであり、傾城町には肝煎《きもいり》が置かれ、角館弥介がその役についていたのである。(68)

そして、同記、慶長十七年七月廿七日条に、長崎という傾城の売買の記事が見え、八月七日の条には質物に置かれた傾城八屋が現われるように、このころの傾城は、人身売買、質入された女性をその供給源としていた。鎌倉期の遊女とは全く異なり、江戸時代から近代にいたる遊女、娼婦に通ずる傾城の姿を、われわれはここに確認することができる。

しかし、このように転落の運命を辿った遊女の、ある意味では対極に当たるとはいえ、同じ時期、宮廷の女房の世界にも大きな変化がおこっていたことを見落とすわけにはいかない。

室町時代に入り、天皇の実権がほとんど失われ、伝奏《てんそう》が武家に掌握されてしまった結果、天皇側近の女房がその命を奉じた、女房《にょうぼう》奉書《ほうしょ》が多く用いられるようになる。(69)狭く限定された世界のなかでの女房の立場は、このように比重を増したことは事実であるが、女御の入内が中絶したこの時期には、典侍《ないしのすけ》、掌侍《ないしのじょう》などの女房は「侍寝」の役割を果たすものが多くなっていった。それとともに、江戸初期までの幕府による宮中の風紀粛正などにより、女房は宮廷の奥に閉じ込められるようになる。あえていえば、それはあたかも天皇のみを「客」とする「遊廓」と同じ状況であったと見ることができよう。女流文学作品が見られなくなるのも、十五世紀以降の女房のこのような地位の変化に起因していることは間違いないといってよい。

こうしたこの時期の宮廷の実状から将軍の大奥までをふくむ女房の実態については、なお解明すべき余地が広く残されているが、女房と遊女とのさきのような対極的なあり方が固定されていった背景に、社会全体のなかでの女性の地位の大きな変動があったことは間違いない。

最近、著しく活発化した家族史研究によって、次第にその実態が明らかにされつつある親族・家族関係の変化、とくに支配層にはじまる家の形成が社会を広くとらえ、それに伴う家父長権の強化の進行したことが、こうした女性の立場の変化の根底にあったことは確実であろう。しかし、遊女の地位のさきのような転落は、それだけでは説明し切れないものがあるので、そこに女性の地位の低下とも深く結びついた、女性の「性」そのものを「不浄《ふじょう》」とし「穢《けが》れ」とする社会の見方が、強く作用していたと見なくてはなるまい。

女性は罪深く、穢れた存在とする仏教の「五障三従《ごしょうさんじゅう》」説、それに対する仏教者のさまざまな対処の仕方についても、近年、女性の立場に視点をすえた新たな仏教史研究によって、急速に解明されようとしており、(70)ここでその論議に立ち入る力は到底持っていない。しかし、すでに古代から知られていた仏教のこうした女性観が社会に浸透し、その圧力が女性の心を強く曇らせ、そこからの救済が女性の側から希求され、それに応えて女人の救済を宗教家たちが自らの重大な課題としはじめるのは、十三世紀から十四世紀のことと見てよかろう。そしてそこには、前述したように、非人・河原者たちを「穢」れ多きものとして差別するようになった、「穢」そのものに対する社会のとらえ方の大きな変化があったことは疑いない、と私は考える。

最初にもふれたように、法然、親鸞《しんらん》、日蓮、一遍等は積極的に女人救済にとりくみ、とくに法然は周知のような遊女救済の「伝承」によってよく知られているが、松尾剛次はさらに明恵《みょうえ》の新義華厳《けごん》教団もまた、女人救済の「祖師《そし》神話」を持ち、そのために活動したことを指摘している。(71)また細川涼一も、女院や女房たちのような王権の周りにあった女性の舎利《しゃり》信仰にふれ、律宗《りつしゅう》の尼《あま》たちのなかに、女房や貴族の妻、女子が少なくなかったことを明らかにした。(72)この事実は遊女と女房とが、対極的な立場にありながら、共通した運命に直面していたというさきの推定を、別の側面から裏づけるもの、ということができよう。

そして、これらの宗教家たちが、はじめにのべた通り、共通して非人の救済にも力を注いだことは、遊女と非人に対する社会の賤視、差別が根を同じくしていることを物語るとともに、こうした宗教家たちの活動が、十四世紀の前後、日本の社会における自然と人間の関係の大きな変化とともに起こった、古き「聖なるもの」の転落にかわる、普遍的にして新たな「聖なるもの」の模索であったことを示している。

罪深く、不浄・穢れたものとされ、最も抑圧された人々にこそ、真に仏の心に通ずる人間らしい魂があるのだとする思想が、仏教受容後の長い歴史のなかで、日本の社会にも生まれようとしていたのであるが、中世後期以降、江戸時代にいたる過程で、これらの新たな宗教はすべて自立した権威となることができず、俗権力による弾圧、統制によって、その枠内にくみしかれてしまう。「穢多・非人」、遊女に対する差別も、またそのなかで制度的に固定化されていくのであるが、なぜそのような事態にしかなりえなかったのか。

それを、前述した、なお未開で柔らかな日本社会に接合した、文明的で硬質な律令制とともに流入した異文化、世界宗教としての仏教が、原始的な自然信仰を保持する日本の社会に受容され、浸透していく過程そのもののなかに探っていくことは、天皇の克服にもつながる、今後のわれわれに課された大きな過程のひとつであろう。

むすび

これまでのべてきた遊女と非人・河原者のあり方は、史料の制約もあって、北海道・沖縄を除く地域の西半分—西日本に偏っており、東日本についてはなお研究すべき余地が広く残されている。

例えば江守五夫が指摘しているように、(73)日本列島の社会には西南日本に見られる「一時的妻訪婚」と東日本の「嫁入婚」の二類型があるといわれるが、それは女性の社会のなかにおける地位にも大きな影響を与えたであろう。

また、木下忠が明らかにしたように、(74)「穢」に対する西日本と東日本の社会の対応の仕方にはかなりの違いがあり、後者は前者に比してこだわりが少ないとされており、同様のことは牛・馬等の動物に対するとらえ方についても考えられる。実際、中世の非人・河原者に関わる史料が、現在のところ大きく西日本に偏り、東日本では鎌倉を除くと、ごく僅かしか所見がないことも、こうした社会のあり方の差異の現われと見ることができる。

遊女の東日本と西日本における存在形態の違いについては、さきに若干ふれたが、それとともに、王朝の後宮における女房と、鎌倉幕府における女房の組織も、比較してみる必要があろう。鎌倉幕府にも「上野局《こうずけ》」のような女房を別当とする染殿《そめどの》(75)(『吾妻鏡《あずまかがみ》』文治三年六月八日条)、「近衛局《このえ》」が別当となった糸所《いとどころ》(同上建久六年七月廿八日条)、「三条局」を別当とした縫殿《ぬいどの》(同上承久元年二月四日条)など、女房の統轄する諸機関があり、とくに天皇家出身の将軍の場合、王朝と同様の後宮のあり方が導入されたことは十分に予想できる。

しかし『吾妻鏡』文治四年(一一八八)六月一日条の、大姫の下で田植を行った「美女」、同上建仁《けんにん》三年(一二〇三)九月二日条で北条政子《ほうじょうまさこ》が密事を記した書状を託した「美女」、同上寛喜《かんぎ》二年(一二三〇)五月六日、七日条で、恪勤《かくご》と引級して盗みを働いた「美女」、さらに文保《ぶんぽう》元年(一三一七)十二月日、陸奥《むつ》国平賀郡大平賀郷年貢結解状《けちげじょう》(「斎藤文書」)に、同郷の年貢から大隅《おおすみ》局、伊勢《いせ》局、備前《びぜん》局などの女房と並んで、衣料のための銭を与えられたとある「美女初音」などの「美女」は、王朝の後宮には見られない幕府独自の職名ではないかと思われる。

幕府が建久《けんきゅう》四年(一一九三)に東国の遊女を統轄する「遊君別当《ゆうくんべっとう》」を置いたことはよく知られているが、遊女をはじめとする職能民と、こうした幕府の「後宮」の女性たちとの関係についても、王朝の場合との異同が明らかにされなくてはならない。

このような女房や遊女、非人・河原者の現われ方、「穢れ」や動物に対する感覚の東西での相違が、前述した宗教者の動向にどのような影響を与えたかも、当然ひとつの問題となりうるであろう。未解決の問題、未開拓の分野はまだ広大に残されており、そこに多少なりとも今後、切り込むことを期し、この拙い稿を閉じることとしたい。

注

(1)『蜷川家文書之二』建永弐年正月朔日、源空法然房書状案。
(2) 細川涼一『中世の律宗寺院と民衆』吉川弘文館、一九八七年。同「王権と尼寺——中世女性と舎利信仰」『列島の文化史』五、日本エディタースクール出版部、一九八八年。
(3) 永田端「仏典にみる母性観」脇田晴子編『母性を問う——歴史的変遷(上)』人文書院、一九八五年。
(4) 丹生谷哲一『検非違使——中世のけがれと権力』平凡社、一九八六年。同〈一服一銭茶小考〉「立命館文學」五〇九号、一九八八年。同〈青屋賤視の歴史的背景〉「部落問題研究」九八輯、一九八九年。
(5) 山本幸司〈貴族社会における穢と秩序〉、「日本史研究」二八七号、一九八六年。同『穢と大祓』平凡社、一九九二年。
(6) 勝田至〈中世民衆の葬制と死穢〉「史林」七〇—三、一九八七年。
(7) 後藤紀彦〈辻君と辻子君〉「文学」五二—三、一九八四年。同〈遊女と朝廷・貴族〉〈「立君・辻子君」〈蓮如上人子守歌の世界〉〈遊廓の成立〉、「週刊朝日百科　日本の歴史　中世Ⅰ——③遊女・傀儡・白拍子」朝日新聞社、一九八六年。
(8) 滝川政次郎『遊女の歴史』至文堂、一九六五年。同『江口・神崎』至文堂、一九六五年。
(9) 網野善彦「中世の旅人たち」日本民俗文化大系第六巻『漂泊と定着』小学館、一九八四年(『日本論の視座』小学館、一九九〇年所収)。〈中世の「非人」をめぐる二三の問題〉「立命館文學」五〇九号、一九八九年(本書第Ⅰ部第三章)。
(10)「神宮文庫所蔵文書」。
(11) 大山喬平『日本中世農村史の研究』岩波書店、一九七八年。

(12) 丹生谷哲一、注(4)前掲『検非違使』。
(13) 『八坂神社記録』一(増補続史料大成)。
(14) 「北野神社文書」四六(東京大学史料編纂所架蔵写真本)。
(15) 三浦圭一「中世賤民の或る裁判沙汰」部落問題研究所編『部落の生活史』一九八八年。
(16) 『北野天満宮史料』古記録、「御簾調進記録紙背文書」徳治二年三月日、野口清目六郎陳状。
(17) 注(9)前掲、網野善彦「中世の『非人』をめぐる二、三の問題」。
(18) 注(9)前掲、網野善彦「中世の『非人』をめぐる二、三の問題」。および網野善彦『異形の王権』平凡社、一九八六年。網野善彦「中世前期における職能民の存在形態」永原慶二・佐々木潤之介編『日本中世史研究の軌跡』東京大学出版会、一九八八年。
(19) 『北野天満宮史料』目代日記、延徳二年三月廿二日条、『北野社家日記』第二、同年三月廿一日条。
(20) 注(19)前掲、目代日記、元亀元年七月六日条等。
(21) 山田洋子〈中世大和の非人についての考察〉、「年報中世史研究」四号、一九七九年。
(22) 『満済准后日記』正長元年八月十二日条。
(23) 「北野神社文書」一「社家條々抜書」。
(24) 『満済准后日記』同日条。
(25) 小野晃嗣『日本中世商業史の研究』法政大学出版局、一九八九年。
(26) 注(23)前掲「社家條々抜書」正長元年九月十六日、法印禅能書状。
(27) 『八坂神社文書』上、文和二年五月日、感神院犬神人等申状案。
(28) 豊田武『中世の商人と交通』「豊田武著作集」第三巻、吉川弘文館、一九八三年、第二編三。

(29) 勝俣鎮夫『一揆』岩波書店、一九八二年。
(30)「日吉社室町殿御社参記」。
(31) 豊田武、注(28)前掲『中世の商人と交通』。同、豊田武著作集第二巻『中世日本の商業』吉川弘文館、一九八二年。
(32) 竹内秀雄『天満宮』吉川弘文館、一九六八年。
(33) 相田二郎『中世の関所』一九四三年、吉川弘文館、一九八三年復刊。
(34) 元木泰雄〈摂関家における私的制裁について〉、「日本史研究」二五五号、一九八三年、が指摘するように、厩は本来的に「罪人」を留置、拘禁する場所であったとすれば、厩に関わりのあった馬借が、刑吏—「非人」の役割を果たすようになった理由も、自然にうなずけるのではなかろうか。なお、馬借・車借については、拙稿〈中世前期の馬借・車借——厩との関係を中心に——〉、「立命館文學」五二一号、一九九一年参照。
(35) 注(18)前掲、網野善彦『異形の王権』。
(36) 網野善彦「日本の文字社会の特質をめぐって」『列島の文化史』五、一九八八年(注(9)前掲、『日本論の視座』所収)。
(37) 小林芳規『角筆のみちびく世界』中央公論社、一九八九年。
(38) 斎木一馬「婦人の日記に就いて」「最も古い婦人の日記『太后御記』に就いて」「中原師廉及び師廉室の日記に就いて」斎木一馬著作集二『古記録の研究』下、吉川弘文館、一九八九年。
(39) 注(36)前掲、拙稿「日本の文字社会の特質をめぐって」。なお、恵信尼が越後の在庁官人の家の出身であることは、石井進〈親鸞と妻恵信尼〉、「大乗仏典月報」三、中央公論社、一九八七年、が指摘している。
(40) 松田毅一、E・ヨリッセン『フロイスの日本覚書』中央公論社、一九八三年。
(41) 網野善彦「生活と職業――中世の女性像から」加地芳子編『家庭科教育論』東信堂、一九八八年。〈本書第Ⅱ部第一章〉。
(42) 宮本常一『忘れられた日本人』岩波書店、一九八四年。
(43) 赤松啓介『非常民の民俗文化』明石書店、一九八八年。同『非常民の民俗境界』明石書店、一九八八年。
(44) 例えば、吉田孝『律令国家と古代の社会』岩波書店、一九八三年。明石一紀〈日本古代家族研究序説〉、「歴史評論」三四七、一九七九年。義江明子『日本古代の氏の構造』吉川弘文館、一九八六年など。
(45) 注(41)前掲、網野善彦「生活と職業」。
(46)『醍醐寺文書之八』一九三九号、延慶三年三月十五日、志摩国江向村在家検注注進状。
(47) 保立道久『中世の愛と従属』平凡社、一九八六年。
(48) 河音能平「中世前期村落における女性の地位」女性史総合研究会編『日本女性史』第二巻、中世、東京大学出版会、一九八二年。
(49) 女房座がそのなかでもありえたことは、加藤美恵子「『女』の座から女房座へ」注(3)前掲『母性を問う――歴史的変遷』(上)所収。
(50) 備中国真鍋島には、寛永十六年(一六三九)から翌年にかけて、千という女性が庄屋となっている。
(51) 関口裕子「古代家族と婚姻形態」歴史学研究会編集『講座日本歴史』二、古代二、東京大学出版会、一九八四年。

(52) 角田文衛『日本の後宮』学燈社、一九七三年。

(53) 須田春子『律令制女性史研究』千代田書房、一九七八年。同『平安時代後宮及び女司の研究』千代田書房、一九八二年。

(54) 玉井力〈天平期における女官の動向について〉「名古屋大学文学部二十周年記念論集」、一九六八年。同〈光仁朝における女官の動向について〉「名古屋大学文学部研究論集」史学一八、一九七〇年。同〈女御・更衣制度の成立〉同上、史学二〇、一九七二年。

(55) 網野善彦〈検非違使の所領〉「歴史学研究」五五七号、一九八六年。(本書第1部第四章)

(56) 注(7)前掲、後藤紀彦「辻君と辻子君」。

(57) 豊永聡美「中世における遊女の長者について」安田元久先生退任記念論集刊行委員会編『中世日本の諸相』下巻、吉川弘文館、一九八九年。

(58) 滝川政次郎、注(8)前掲『遊女の歴史』『江口・神崎』。

(59) 注(9)前掲、網野善彦「中世の旅人たち」。および後藤紀彦、注(7)前掲『遊女・傀儡・白拍子』の同文書図版解説。

(60) 後藤紀彦、注(7)前掲「遊女と朝廷・貴族」。

(61) 後藤紀彦、注(7)前掲『遊女・傀儡・白拍子』図版解説。

(62) 細川涼一、注(2)前掲「王権と尼寺」。

(63) 網野善彦「古代・中世の悲田院をめぐって」『中世社会と一向一揆』吉川弘文館、一九八五年(本書第I部第二章)。

(64) 例えば、五来重「中世女性の宗教性と生活」注(48)前掲『日本女性史』第二巻。
(65) 後藤紀彦、注(7)前掲「辻君と辻子君」「立君・辻子君」。
(66) 注(55)前掲、網野善彦「検非違使の所領」。
(67)『梅津政景日記』慶長十七年十月十五日条。同年十二月十九日条等。
(68) 注(67)前掲、『梅津政景日記』慶長十七年七月十六日条。
(69) 富田正弘〈室町殿と天皇〉「日本史研究」三一九号、一九八九年。
(70) 大隅和雄・西口順子編『救いと教え』平凡社、一九八九年。
(71) 松尾剛次「遁世僧と女人救済」(注(70)前掲、『救いと教え』所収)。
(72) 細川涼一、注(2)前掲「王権と尼寺」。
(73) 江守五夫『日本の婚姻——その歴史と民俗』弘文堂、一九八六年。
(74) 木下忠『埋甕——古代の出産習俗』雄山閣、一九八一年。
(75)『吾妻鏡』文治三年六月八日条によると、この染殿は武蔵国染殿であった。また、この別当職は上野局を称する女房が代々うけついでいる。

第三章　中世における女性の旅

一

日本の女性はきわめてよく旅をする。それも女性だけで、ときにはひとりで、しかも日本国内だけでなく、外国にまで旅をする。二、三年前、アメリカに行ったとき、どこの都市でも女性二、三人のアジア系の旅人を見ていると、ほとんどが日本人であった。そうした女性の一人旅が台湾、韓国などで悲劇的な結末に終ったのも、まだ耳新しいことで、表に出ないこのような事件もおそらく少なからずあるのではなかろうか。

このような日本の女性のあり方が、世界的に見てどのように位置づけられるのか、統計などによって厳密に考えてみるのも興味深い問題だと思うが、こうした女性だけの旅が近代に入ってからもさかんだったことは、宮本常一の『忘れられた日本人』(1)によって、よく知ることができる。

その「女の世間」で自らを語る周防大島《すおうおおしま》の老女は、十八歳のとき、女の友達三人ほどで、

「鬼の国」といわれた土佐をのぞく「女四国」を旅し、その途中、やはり女性だけの「豊後《ぶんご》の姫島」から来た「女衆」に逢い、二、三日、一緒に歩いている。この女性たちは「善根《ぜんこん》宿」に泊り、「和讃《わさん》や詠歌をあげてもらいものをして」旅をつづけたが、こうした「物参り」だけでなく、吉敷郡《よしきぐん》の煉瓦石の工場へ働きに行き、元気のよい女性は、「夏は岩国の新開へ綿つみに、秋は山口の奥方へ稲刈に」行ったといわれている。

また、家出をする若い女性も多く、伊予《いよ》で下女奉公をし、「文化」を身につけて帰ってくることもあったと、宮本は面白おかしい話を記している。もとより一方では、能登の山中の老女で、海を見たこともないという話を人伝に聞いたこともあり、周防大島の例をすべてに及ぼすことはできないであろうが、西日本の海辺の女性の生活の一端をこの宮本の報告からうかがうことができる。

これはいうまでもなく平民の女性の事例であるが、芸能民や商人の女性の遍歴はさらに広域的、日常的であったろう。例えば、伊予の松山の近くの松前は、中世、石清水八幡宮神人《いわしみずはちまんぐうじにん》の根拠地だったと見られるが、近代になってからも、「松前のおたたさん」といわれ、漂着した公卿《くぎょう》の娘滝姫とその侍女を祖とするという言い伝えを持つ女性の商人は、単に魚売《いおうり》として知られているだけでなく、敗戦前に阪神地域から北海道、樺太、中国大陸にまで出かけたといわれている。(2) 各地の海村の女性には、こうした人々が非常に広く見出しうるものと思われる。

江戸時代についても、新城常三の『新稿社寺参詣の社会経済史的研究』[3]に多くの事例があげられているように、同様の状況だったことを知りうるが、宮本の記録は近世をこえて、直ちにルイス・フロイスの『ヨーロッパ文化と日本文化』[4]の記事を想起させる。

その第二章、「女性とその風貌、風習について」には、かなりショッキングな記述も見られるが、旅について、

34 ヨーロッパでは娘や処女を閉じ込めておくことはきわめて大事なことで、厳格におこなわれる。日本では娘たちは両親にことわりもしないで一日でも幾日でも、ひとりで好きな所へ出かける。

35 ヨーロッパでは妻は夫の許可が無くては、家から外へ出ない。日本の女性は夫に知らせず、好きな所に行く自由をもっている。

とあるのは、まさしく宮本の聞き取った周防大島の女性のあり方にそのまま照応するといってよかろう。

これはふつうの平民の女性のことであろうが、フロイスは44の項で「日本の比丘尼《びくに》はいつでも遊びに出かけ、時々陣立《じんだち》に行く」とものべており、そこから職能民の女性のあり方の一端をうかがうことができる。

このような十六世紀、そして近代の女性のあり方は、家父長の下できびしく抑圧され、身動きもできないとされてきた、これまでの常識的な女性像とは大きく異なるものがあるといわなくてはならない。国家の制度としての、あるいはイデオロギーとしての家父長制と、実際の家族のなかでの女性の実態との乖離があることは間違いないところで、その点を明確にすることは、今後の女性史の大きな課題になりうるのではないかと思われるが、さらに遡って、中世、とくに十四世紀ごろの女性の旅について、すでに周知のことも少なくないが、以下、若干、考えてみたいと思う。

二

女性の旅の実態は、すでに種々の試みが行われているように、絵巻物等の絵画資料によってそれなりにとらえることができるが(5)、百姓の女性の旅を文書を通じて追究するのは、私自身の不勉強にもよるが、非常にむずかしいといわなくてはならない。

ただ、貴族や侍身分の人々の場合、訴訟のために京や鎌倉の法廷まで行く女性の旅は、阿《あ》仏尼《ぶつに》の『十六夜日記《いざよいにっき》』によっても知られるように、かなり一般的にありえたと思われる。鎌倉幕府の裁許状《さいきょじょう》を見ると、女性が訴論人として当事者であった場合でも、男性が代官として法廷に立つことが多いが、女性自身が法廷に出たと見られる事例もいくつかは見出しうる。

例えば延応《えんおう》元年（一二三九）五月二十五日の肥前《ひぜん》国御家人《ごけにん》山代三郎固の女子源氏と、固の猶子《ゆうし》廣との相論《そうろん》(6)においては、源氏が法廷に出て争ったものと思われ、仁治《にんじ》二年（一二四一）十一月廿五日の市右衛門尉《じょう》明定の女子坂上氏女と明定の弟明胤との、鎌倉の浜地と旗・鎧《よろい》などをめぐる相論(7)でも、氏女は法廷で対決したと考えられる。とくに山代固の女子の場合、肥前から鎌倉まで旅をしたことは確実であろう。

またこれほどの長距離でないとしても、若狭《わかさ》国太良《たら》荘で鎌倉中期に延々と続いた、末武名をめぐる中原氏女と藤原氏女の相論(8)に当たっては、それぞれに男性の代官が立った場合も確認しうるが、氏女たち自身が若狭から京都の六波羅《ろくはら》探題《たんだい》、東寺供僧の法廷に出頭すべく旅をしたこともあったと考えられる。

このように女性が当事者として中状《もうしじょう》を書いて争った事例として、太良荘では貞和《じょうわ》三年（一三四七）九月十二日、財物を奪い取られたとして訴えた百姓本阿の息女黒神子(9)や、貞治《じょうじ》四年（一三六三）、乗蓮と真利名を争った善日女(10)などをあげることができるが、善日女の場合は明らかに上洛しており、平民百姓の女性にもこのような旅の機会はありえたのである。

また、荘園《しょうえん》・公領《こうりょう》の支配に関連して、地頭《じとう》・預所《あずかりどころ》が女房を伴い、あるいは女性の預所が単独で現地に赴く場合も見出しうる。例えば承元《じょうげん》元年（一二〇七）十一月日の若狭国国富荘の地頭の乱妨に対して下された幕府の裁許状には「女房上下向送迎」の供給雑事の、百姓への賦課《ふか》が問題となっている(11)。

周知のように、太良荘の預所は代々女性であったが、東山女房とよばれた預所は、文永《ぶんえい》・建治《けんじ》のころ、度々、現地に下向しており、(12)その女藤原氏女は正安《しょうあん》元年（一二九九）二月、荘内への出入りには輿《こし》に乗り、百姓たちを駕輿丁《かよちょう》としてこき使ったとして、百姓たちによって糾弾されているのである。(13)

ただ、このような訴訟や荘務のための女性の上下向の旅を荘園関係の文書で辿りうるのは、ほぼ南北朝期までであり、この時期が女性の社会的な地位の変化と関わっていることをうかがわせる。

三

こうした公式の旅とは別に、最も広く見出されるのは物詣《ものもうで》の旅であり、これについては新城がさきの大著で豊富な事例をあげている。例えば熊野詣《くまのもうで》に女性が多数いたことは、院政期から記録で確認されており、天仁《てんにん》二年（一一〇九）中御門宗忠《なかみかどむねただ》が日高川で女房三人と出会っていることや、(14)正和《しょうわ》三年（一三一四）志布志入道の後家が物詣のために上洛していることなど、(15)室町期にいたるまで、女性の旅をきわめて広範囲にわたって確認しうる。

その状況をかなり具体的に知りうるのは、よく知られている『とはずがたり』の主人公二条の、正応《しょうおう》二年（一二八九）以降の物語、巡礼のための遍歴の旅である。物語であるとはいえ、これは一種の紀行文ともいえるので、そこから中世前期の女性の旅の実状をうかがうことができると思うが、注目すべきは、必ずしも明確ではないとはいえ、二条の旅は女性の一人旅であった可能性が大であり、その徴証は随所にうかがうことができる。

近江の鏡宿《かがみしゆく》で「遊女ども、ちぎりもとめてありくさま」を見た二条は、美濃《みの》の赤坂《あかさか》宿ではは「やどのあるじ」の「若き遊女のおととい」と琴、琵琶《びわ》などひき、和歌の贈答をしている。これはこの時期の遊女たちのあり方を知る上でも重要なことで、『古今著聞集《ここんちよもんじゆう》』の説話で鋳物師《いもじ》・山伏《やまぶし》・仲間《ちゆうげん》を宿泊させた遊女がそうであったように、遊女は旅人の宿をしており、自らが「宿主」だったのである。琴、琵琶、和歌などの教養を身につけていたことも、これによって知ることができるが、逆にこうした遊女の宿に泊っている点から、二条が一人旅であったのをうかがうことができる。

また、伊豆の三島社で、二条は、「故ある女房の、壺装束《つぼしようぞく》にて行きかへるが、苦しげなる」を見ているが、これは『一遍聖絵《いっぺんひじりえ》』の三島社の場面を想起させる叙述で、こうした女性の物詣が一般的だったことを物語っているといえよう。

武蔵《むさし》の岩淵《いわぶち》の宿も「遊女どものすみか」と二条はいっており、宿々の遊女が広く見られたことを知りうるが、帰京のさい、大和の春日社正預《かすがしやしようあずかり》祐家の家に泊り、熱田、津島、伊勢などを経て、後深草《ごふかくさ》院とめぐり会うこととなる。

そのとき、後深草の質問に答え、二条は「あちこちさまよひ侍れば、ある時は僧坊にとどまり、ある時は男の中にまじはる」と言い、和歌を喜ぶところには「日かずをかさねて侍ればあやしみ申す人、都にも田舎にも、そのかず侍りしかども、修行者といひ、ぼろぼろなど申すふぜいの者に行きあひなどして、心のほかなるちぎりを結ぶためしも侍る」と聞いているけれども、自分にはそのようなこともなく、「いたづらにひとりかたしき侍るなり」とのべている。

細川涼一もこのことに注目しているが、⑯いろいろな考え方はありうるとしても、この時期、必ずしも職能民とはいい難い女性の一人旅がかなり行われえたこと、そのさい、修行者、ぼろぼろなどの遍歴する男性と「ちぎりを結ぶためし」のあったことを、この二条の答えから確認することができよう。

その後、二条は厳島《いつくしま》参詣のために瀬戸内海を旅するが、備後《びんご》国の鞆津《とものつ》の「はなれたる小島」、「遊女の世をのがれて、いほりならべてすまひたる所」に行き、尼の姿の遊女の長者と会い、ここに、一、二泊している。一人旅の女性の宿泊の場所が、さきの赤坂宿の場合と同じく、遊女の宿であったことに注目しておかなくてはならない。二条のような遍歴する旅の女性と、遊女の世界とは、このようにきわめて近接していたのである。

しかし、こうした旅する女性―二条に対する危険は、備後《びんご》の和知の領主の館に泊ったときに訪れる。ここで二、三日をすごした二条は、あわやこの領主の下人とされようとした。

さきのルイス・フロイスの覚書⑰の第十四章58にも、

ヨーロッパでは既婚または未婚の女性が、何かたまたま起こった出来事のために、どこかの紳士の家に身を寄せたならば、そこで好意と援助を受けて、無事に置かれる。日本ではどこかの殿の家に身を寄せたならば、その自由を失い、捕われの身とされる。

とあり、このことを裏づけているが、二条は江田にいるその兄と、鎌倉以来の知人広沢与三入道のたすけで、どうやらその身を解放されたのである。

このことはすでに多くの人が注目しているが、主が俗人である「宿」に泊ることは、女性にとって危険であったといってよかろう。実際、宿主と寄宿人との関係はきわめて緊密であり、寄宿した人がたまたま「盗人」の嫌疑をかけられたため、宿主が処罰され、地頭《じとう》の下人にされてしまったことは、鎌倉時代、寛元《かんげん》元年（一二四三）の太良荘で確認しうる事実[18]で、これは時代を降《くだ》っても同様であった。

世俗を離れた僧坊や接待所などが、宿の役割を果たしたのは、そのような理由であったと考えられるので、遊女の宿がそれと同じ役割を果たしているのは、この点から見て注目すべきであろう。遊女もまた世俗を離れた存在だったのである。

文書を通じて見た宿の実態については、別にのべたことがあるので[19]、ここでは立入らないが、寺院、僧坊が多く、宿長者、宿刀禰《とね》などがおり、長者が女性であったこともあったのではないかと見られる宿は、それ自体、全体として、「無縁《むえん》」の場の特質を持っていた、といまも私は考えてみたい。

宿々を結ぶ道もまた、同様の性格を持っていたことは、別にふれた通りで[20]、宿にせよ、道路にせよ、そこでおこったことは外の世俗世界とは関わりのないこととされたのである。そして、市庭《いちば》、祭の庭、参籠《さんろう》の場も同様の場であり、そこはしばしば、男女の自由なセックスの場となったことも、すでに認められたことといってよかろう。

女性の旅、とくに一人旅が広く行われえたことの背景には、このような慣習があり、それはいまも「旅の恥はかきすて」のような世俗化した諺として生きつづけているのではないか、と私は考える。

四

二条の旅は遊女の世界ときわめて近接しているとさきにのべたが、こうした遊女自身を含む職能民の女性の遍歴の旅は、かなり古くまで遡って見られたのではないかと思われる。『万葉集』に現われる「遊行女婦」――「うかれめ」「あそびめ」をはじめ、八世紀ごろの状況を伝えるといわれている『日本霊異記《にほんりょういき》』にも、蛤《はまぐり》五十石《こく》をとって船に乗り、美濃《みの》国の小川市に行く尾張《おわり》の力女や、花を売る女性が姿を見せる。

律令国家が、平民の成年男子に、調庸《ちょうよう》、軍役などの公的な課役を義務づけ、女性がそこから外されたことが、逆に、女性の商業や金融などの世界での活動を促したひとつの要因ではなかったかと思われるが、さらに時代を降り、十世紀以後になると、女性の職能民の遍歴、交易の旅は多様にかつ活発になってくる。

遊女、傀儡子《くぐつ》、白拍子《しらびょうし》、巫女《みこ》をはじめ、鮎売《あゆうり》の桂女《かつらめ》、魚貝売で供御人《くごにん》となった女性たち、大原女《おはらめ》といわれた炭薪売の女性、精進物を売る女性、綿・小袖などを売る女商人などが広く活動しており、それは十五世紀の『七十一番職人歌合《しちじゅういちばんしょくにんうたあわせ》』[21]に登場する多様な女性の商人までつながっていくが、これについても別の機会に詳述したので、ここでは繰り返さない。

ただ、こうした女性たちのなかの主だった人々が、中世前期には天皇・神仏の直属民―供御人・神人・寄人となっており、女性自身が世俗をこえた存在として遍歴、行商を行っていたのであるが、それはさきにふれてきたような、ふつうの女性の旅のあり方とも深く関わっていたことは間違いないと思われる。私はそれを女性の「無縁」性といってみたのであるが、比丘尼《びくに》が娼婦であったというフロイスの指摘をふくめて、この方向で今後、さらに考えてみたいと思っている。

このような女性の特質は、黒田日出男も注目している通り、[22]女性の旅姿にもはっきり現われているので、神人・供御人となった女性の行商・遍歴の姿――かぶりものと頭上運搬の姿や、物詣《ものもうで》などの旅をする女性の姿――壺装束《つぼしょうぞく》や道者姿の意味についても、追究すべき余地が残されている。

五

女性だけの旅が、その目的はさまざまであったとしても、これほど古くから、また広く一般的に行われていたという事実は、日本列島の社会における女性の位置づけを考える上で、かなり重要な意味を持っているのではあるまいか(23)。

それを世界の諸民族の女性の旅のあり方と比較してみるのも、興味深い課題のひとつであるが、少なくともこうした女性のあり方が、古代以来、移動の自由をきびしく制限され、男性、家父長の下にあって隷属的な立場を強いられつづけてきた女性という、私などの世代の持っていた常識と大きく異なることは確実である。

もとよりこの「常識」は、近年の女性史研究の発展のなかで大きく変わりつつあるとはいえ、議論の余地はなお広く残されている。家族史―親族組織の研究、あるいは宗教史の視点からの研究など、今後、さまざまな角度からこの問題は追究されなくてはならないが、交易をふくむ交通史の観点からの接近も、大きな成果を上げうる可能性を十分に持っているといえよう。

注

（1）岩波文庫、一九八四年。
（2）『松前町誌』一九七九年。
（3）塙書房、一九八二年。
（4）岩波文庫、一九九一年。
（5）黒田日出男『姿としぐさの中世史』平凡社、一九八六年。網野善彦『異形の王権』平凡社、一九八六年。
（6）「松浦山代文書」。
（7）「相良家文書」。
（8）網野善彦『中世荘園の様相』塙書房、一九六六年。
（9）「東寺百合文書」し函。
（10）同右、ッ函。
（11）『続左丞抄』。
（12）注（8）前掲拙著。
（13）「東寺百合文書」ア函、正安二年三月日、太良荘預所陳状。
（14）『中右記』天仁二年十月十九日条。
（15）「島津家文書」正和三年十一月廿七日、鎮西下知状。
（16）細川涼一「ぼろぼろ（暮露）」『ことばの文化史』中世2、平凡社、一九八九年。
（17）注（4）前掲書。

(18)「東寺百合文書」ほ函、寛元元年十一月廿五日、六波羅裁許状。
(19)網野善彦『日本論の視座』小学館、一九九〇年。
(20)網野善彦『増補　無縁・公界・楽』平凡社、一九八七年。
(21)注(19)前掲書および、網野善彦『職人歌合』岩波書店、一九九二年。
(22)注(5)前掲書。
(23)網野善彦『日本の歴史をよみなおす』筑摩書房、一九九一年。

(付記　本稿は一九九一年五月十一日、交通史研究会第十七回大会の講演の草稿をもとにして作成した)

終章

一　文明史的な転換

さまざまな批判・異論が多いことは重々承知しているが、私はいまも、六十年間の動乱を含む十三世紀後半から十四世紀を境として、「日本」―本州・四国・九州の社会は大きく転換すると考えている。十五世紀の琉球王国の成立、および、ときに「夷千島王《えぞがちしまおう》」を自称する人の現われた東北北部・北海道における政治勢力の形成、そして「日本国」の四至の意識の本州・四国・九州の社会へのより深い浸透を考慮して、これを「民族史的転換」ということもできるが、とくに「日本」の社会に即してみたとき、それと表裏の関係を持つ「文明史的転換」ととらえることも可能である。(1)

その実態としては、まず十三世紀後半以降、とくに顕著になる銭貨の社会への浸透、それとともに進展する貨幣・信用経済が社会のあり方を大きく変えたことをあげることができよう。それは海上・河川の交通の大きな発展を背景とした商人・金融業者・廻船人《かいせんにん》の広域的で緊密かつ自立的なネットワークの形成を前提としており、そのなかにあって荘園《しょうえん》・公領《こうりょう》の経営もかなり高度な計数・識字能力・帳簿作成を含む経営の力量なしには維持できなくなってきた。

おのずと、請負・経営を専業とする禅僧、上人《しょうにん》、山伏《やまぶし》等が現われてくるが、侍や百姓の上層までがそうした力量を身につけるようになり、十五世紀に入ると海辺や河川などの交通の要衝に大小の都市が簇生《そうせい》し、自治的な村落と都市が形成され、「村町制」ともいうべき新たな秩序が姿を現わしてくる。その背景には農業・漁業・林業・鉱工業の分化と成熟、商業・金融業・海運業等の著しい発展があったので、社会はいわば文明化した経済社会に向って急速に進み出したといってよかろう。「日本国」の意識の社会への浸透も、もとよりこの動向を背景としていた。

とはいえそれは、決してなんの矛盾もなしに進展したわけではない。それどころか、この転換は新たに各地に形成された多くの都市および都市的な場を中心に、「賤視」「差別」の影をむしろはっきりと列島の社会に刻み込むこととなっていったのである。

本書でもさまざまな角度から言及してきたこの根本的な問題については、なお今後、深く追究、解明さるべき余地を広く残しているが、その直接的な出発点として、まず七世紀末、畿内―ヤマトを中心に北九州を含む列島西部―「西日本」を基盤として確立したいわゆる「律令国家」、「日本」を国号とし、「天皇」を王の称号と定めた列島最初の本格的な国家が、水田を課税の基盤とする制度を採用し、儒教的な「農本主義」を強く志向した事実に注目する必要がある。列島社会の第一次の「文明化」ともいうべき六・七世紀の中国大陸の文明の受容が、このような形で決着したことは、それ以後の社会に決定的ともいうべき影響を及ぼしたといわなくてはならない。

いうまでもなく、この国家―「日本国」の出発当初、北海道・沖縄はもとより、東北の大部分、南九州はその支配領域の外にあり、関東・中部もまた「東国」あるいはときに、「東《とう》夷《い》」とよばれて「西日本」とは異質な地域とされ、そこに住む人々は、「日本国」の支配層にとって「異種族」とされていたのである。そしてこれらの地域の社会は、実態としても「西日本」の社会とは、それぞれにかなり異質であったと見られるのであり、後年の「差別」に見られる地域差はここまで遡って考えられなくてはならない。

周知の通り「日本国」は約百年を費して、最北部を除く東北、および南九州に対する侵略・征服を達成し、本州・四国・九州のほぼ全域を支配領域とするが、その支配下に置かれた社会は、なおかなりの程度「未開」の状況にあり、たやすく支配層の文明を受け入れようとせず、この国家の国制自体にも、それは影を落している。例えば、賤民のなかに、陵戸《りょうこ》や神賤《しんせん》のように、人の力をこえた聖なるものに直属する「奴婢《ぬひ》」が含まれていたことにも、その一端がよく現われているといってよかろう。そして「農本主義」を基調とし、成年男子を調庸《ちょうよう》、兵役等の負担者として公的な成員としたこの国家は、その成立前から行われてきた稲の貸与による原初的な金融を税制のなかに組み入れ、公的な市庭《いちば》における交易は認めているが、広く社会に行われていたこうした金融や商業はその制度の外に置かれていた。それ故、公的な国家の成員から排除された僧侶、女性が主として商業・金融に携わっており、その行為自体、世俗をこえた神仏との結びつきによって行われていたのである。このように、原初的な金融・商業、そして狭義の芸能は、「農本主義」的なこの国家の「周縁《しゅうえん》」―「文明化」の外部に位置づけられ、神仏、あるいは呪術的な世界、いわば「未開」の世界のなかで行われていたので、このことが、その後の商業、金融等に携わる人々の社会的な地位にも大きな影響を与えることになっていく。

九世紀から十世紀にかけて、この国家の国制の規制力は弱まり、十世紀後半以降、徴税は国守《こくしゅ》や官司《かんし》の請負によって行われるようになったが、それは活発な河海の交通を背景に持つ、商人や「借上《かしあげ》」を業とする金融業者、廻船人、倉庫業者等のネットワークを前提として、はじめて維持、実現されえたのである。しかしこの時期にも、商業・金融―市庭での交易による利潤、米・絹等の物品の貸付による利子の取得は、神仏など世俗をこえた世界との関わりで正当化され、その担い手は神仏に直属する神人《じにん》・寄人《よりうど》、山伏《やまぶし》・山僧《さんそう》などであり、神仏に捧げる「初尾《はつお》」「初穂《はつほ》」「上分《じょうぶん》」が資本とされていた。

河海の交通で結ばれた広域的なネットワーク、独自な組織を持つこれらの神人等は、官司・国守の発給する切下文《きりくだしぶみ》、切符《きっぷ》、返抄《へんしょう》等を手中にして、神仏の呪術的な権威を背景に、実力をも行使し、原初的な手形の機能を持つこれらの文書[2]を根拠に、取立てを行ったのである。そして十二世紀から十三世紀にかけて、公権力の裁判とは別個の場で、沙汰を寄せたものの自力救済を代行する行為を実力で行い、負債の追求、運上物《うんじょう》の差押えを強行する神人《じにん》、山伏、山僧等の組織の動きに対し、王朝が頻々たる新制によってその抑制につとめ、神人・供御人《くごにん》制を軌道にのせたことは、すでに別に詳述した通りであるが、芸能に携わる人々もまた、基本的にはこの制度の下に置かれたとしてよかろう。

刑吏《けいり》として「穢《けがれ》」の清目《きよめ》を行う非人が、犬神人《いぬじにん》として神人組織の一翼を担ったことは、本書でふれた通りであり、遊女、白拍子、巫女等の女性の芸能民も、これに準ずる立場にあったと思われる。そして博打もまた同様であり、おそらく神人等の組織とも深く結びついていたと考えられる。

二　博打《ばくち》について

博奕および博打については、すでに増川宏一の労作[3]が相次いで公刊されており、私自身も多少、詳しく考えてみたことがあった[4]が、その後いくつかの重要な史料を知ることができた。ただこれについても、別に言及したことがあるので、前述してきた本書の論点と関わる点について、あらためてふれておきたい。

その史料のひとつは、戸田芳実によって、紹介され、(5)『加能史料』平安Ⅳで全文が紹介されて以後、多くの人々の注目を集めるようになった文化庁保管『医心方《いしんぼう》』の紙背文書《しはいもんじょ》(6)であり、博打に関わるのはその巻二十五の紙背の、十二世紀前半の加賀《かが》国と推定される国務雑事条々事書に現われる「雙六別当《すごろくべっとう》事」である。これは加賀国衙《こくが》に双六打を統轄する役職のあった事実を明示しており、博打の社会的地位を考える上で、きわめて重要な意味を持っているといわなくてはならない。

十世紀初頭、「博戯《はくぎ》党」があり、十一世紀には高名の博打、双六の名手として、『新猿楽記《しんさるがくき》』、『二中歴《にちゆうれき》』に宴丸道弘など、その名を知られた人の名前が見え、『梁塵秘抄《りようじんひしよう》』に「国々の博党」が現われることはよく知られていたが、「雙六別当」はまさしく、この「国々の博党」を統轄した役職であろう。

博打、双六打はこのように、平安末期の段階で、国衙の公的な行事においてなんらかの役割を果たす職能民として、国制の中に公的な位置づけを与えられていたのであり、このことから自ずと、王朝の中央官司による博打の統轄という推定が無理なく導き出されることになる。

その観点に立ったさいに注目されるのは、さきの紙背文書に「雙六別当」と並んで「巫女《みこ》別当《べっとう》」が姿を見せる点で、『宇津保《うつほ》物語』の「藤原君の巻」にも「陰陽師《おんみようじ》、覡《かんなぎ》、博打、京童《きようわらわ》部《べ》、嫗《おうな》、翁《おきな》」を召し集めたといわれ、曼殊院《まんしゆいん》本の『東北院《とうほくいん》職人歌合《うたあわせ》絵巻』でも博打と巫女が番《つが》いにされているように、博打と巫女とは間違いなく切り離し難い関係にあった。

そしてそれは別に詳述したように、(7)出産のさいに双六局が置かれ、「物付」となった巫女がそれで博を打っている事実を通して、さらに具体的に知ることができる。ここには博打自身は登場しないが、巫女が博奕・双六と密接に結びついていたことは明らかであり、おそらく博打は神意を占う役割を果たす職能民として、陰陽師《おんみょうじ》とも深く関わりつつ、陰陽寮《りょう》の系統の官司に統轄されていたと見ることができるのではなかろうか。中央官司にも「雙六別当」のあったことは、十分に考えうることである。

これらの事実によって明らかなように、少なくとも鎌倉期までの博打は、王朝の支配権の及ぶ社会では決して「日陰者」ではなく、それなりの社会的な地位を公的な世界で保証されていたと見てよかろう。これは本書でのべた遊女の場合と全く同じということができる。

たしかに『宇津保物語』では博打が「濫僧《ろうそう》」とともに現われることから推測されるように、博打は非人、「京童部《きょうわらわべ》」などと関わりのあったことも十分に考慮されなくてはならないが、非人と同様、博打もまた神仏につながる職能民として、神人・供御人制の枠内にあったということができる。

そして「春日社記録」文永《ぶんえい》二年（一二六五）正月十二日条に、「スクロク」が原因で神人が刃傷《にんじょう》し、同九年四月三十日条にも「神人等中博奕興盛」といわれ、「四半打輩」を、「任落書次第」罪科を加うべきことが定められていることなどから見て、神人と博打とはきわめて深い関係にあり、おそらく非人がそうであったように、博打もまたさきの神人等のネットワークと結びつき、その実力の一端を担っていたのではないかと思われる。

もとより博打は東国にもいたのであり、『吾妻鏡《あずまかがみ》』天福《てんぷく》元年（一二三三）八月十八日条には、鎌倉の前浜で人を殺害した「博奕人」が生虜にされたとあるが、この人について、「殊《こと》にその業を停止すべきの由、下知《げち》す」とされている点から見て、これが博奕を「業」とする人であったことは明らかである。また同書建長《けんちょう》二年（一二五〇）十一月二十八日条にも、「事を雙六に寄せ、四一半を好み、博奕を事となす」「放浪浮浪の士」が、陸奥《むつ》・常陸《ひたち》・下総《しもうさ》でことに盛んである、と記されているが、これも同様の人々だったに相違ない。

ただここで注意しておきたい点は、王朝の神人・供御人制が鎌倉幕府―東国の王権の統治権の下にある諸国では、ほとんど作動していなかった事実である。すでにしばしば指摘してきた通り(8)、たしかに東国でも鎌倉の鶴岡八幡宮《つるがおかはちまんぐう》には定員の定まった神人がおり、犬神人《いぬじにん》のいたことも確認されているとはいえ、それは全体として見ると例外的な存在であり、職能民の集団、あるいは商人・金融業者は世俗的な主従関係、土地制度のなかに位置づけられていて、西国諸国のように、とくに神仏直属の地位を保証されることはなかったと思われる。今後なお追究する余地はあるが、幕府が「雙六別当」のような役職を置き、博打を公的に統轄したことも、おそらくなかったのではあるまいか。

これは本書でもふれたように「非人」に即しても考えられることで、本州・四国・九州の東部「東日本」―「東国」と、西部「西日本」―「西国」における被差別部落のあり方の差異が、こうした問題とも深く関わりのあることは間違いない、と私は考えている。

三　「文明化」の影

博奕に対する禁制は十一世紀から十二世紀、王朝によって頻々と発せられており、十三世紀にかけて博奕は、「偏に是れ盗犯の基」あるいは「諸悪の源、博奕より起こる」とまでいわれるにいたった。鎌倉幕府もまたこれに呼応しているが、十三世紀後半にさしかかるころになると、「四一半の徒党」博奕に対する幕府の禁制は次第にきびしさを増し、やがてそれは「盗賊・放火の族《やから》」、山賊・海賊、そして悪党に対する抑圧と重なってくる。人の意志の及ばない博奕・双六を「悪」そのものとする見方が、このころからはっきりと前面に出てくるのであり、やはり人の力をこえた「穢《けがれ》」、さらには商業・金融自体をも「悪」と見るとらえ方と結びつき、十四世紀にかけて「悪党」の問題は、この時期固有の重要な社会問題となってきたのである。

「悪党」の実態はたしかにさまざまであり、一概にいいきれないとはいえ、それが別の機会にのべたように、このころ社会に深く浸透した銭貨による商業・金融、信用経済の発達を支える商人・金融業者・廻船人、海の領主、流通路の領主、そして博打・非人などのネットワ

ークに重なることは間違いない。(9)

独自の高札《こうさつ》を立てて、一遍《いっぺん》の遊行《ゆぎょう》の安全を三年間にわたって保証したという『一遍聖絵《いっぺんひじりえ》』の詞書《ことばがき》に見える美濃《みの》・尾張《おわり》の悪党、柿帷《かきかたびら》・六方笠・覆面という非人に通ずる「異類異形《いるいいぎょう》」の姿をして博打・博奕を好むといわれ、但馬《たじま》・丹波《たんば》・因幡《いなば》・伯耆《ほうき》にかけて縦横に活動し、賄賂、礼銭をとって沙汰―訴訟を請負い、実力でそれを執行する『峯相記《みねあいき》』に描かれた播磨《はりま》の悪党の実態によって見ても、それは明らかであり、文書を通じてこれまで紹介され、さまざまに論議されてきた西国の悪党・海賊は、ほとんどこうしたとらえ方によって理解することができる。

このような博打・非人を含む「悪党・海賊」のネットワークに対し、鎌倉幕府の「農本主義」的な政治路線、安達泰盛《あだちやすもり》による弘安《こうあん》の徳政《とくせい》に収斂される路線は厳格な抑圧の姿勢をもってのぞんだが、それは十三世紀末、非人・女性に支えられ、都市乃至《ないし》都市的な場に急速に教線を延した一遍と時衆(10)に対する大寺社、貴族の側からのきびしい批判、それに伴う「穢」に対する忌避とも結びつき、「悪」の問題はまさしく政治、宗教の焦点となっていったのである。

しかしこの路線の推進者であった泰盛の霜月騒動《しもつきそうどう》による没落以後、十四世紀に入ると、むしろ商業・金融に依存し、さきのネットワーク自体を取り込みつつ統制を強化し、自ら交易・貿易を積極的に推進しようとする北条氏一門、得宗御内人《とくそうみうちびと》の政治路線が幕府内部で優位に立つこととなった。とはいえ、その専制的な流通路に対する統制は、むしろ悪党・海賊との矛盾をさらにいっそう、鋭くする結果となり、その反発を組織した後醍醐《ごだいご》天皇により、鎌倉幕府——北条氏は滅亡する。

こうした経緯のなかで政権を掌握した後醍醐は、王権の基盤を商業・流通・金融に置く前代未聞の特異な君主独裁の道を突き進み、北条氏の下で抑えられていた、さきのネットワークを支えていた多様な人々を、一挙、時代の表面に噴出させた。後醍醐の居所、内裏《だいり》に出入りした商人や「異形《いぎょう》の輩《やから》」、律僧文観《もんかん》の「手の者」のなかに、非人、博打などの交わっていたことは確実であり、「内裏ヲカミト名付タル　人ノ妻鞆ノウカレメ」といわれたように、遊女もまたわが物顔に都を横行していた。(11)それとともに世を風靡した「婆娑羅《ばさら》」は、「農本主義」的な「文明」に抑圧されていた未開のエネルギーが、こうした新たな都市民を突き動かしたところに噴出した風俗といってよかろう。そして非人、博打、遊女はまさしくそうした都市乃至都市的な場と切り離し難く結びついた存在だったのである。

しかし、「新儀《しんぎ》」を乱舞させることわずか三年足らずで、後醍醐は没落、本州・四国・九州の社会は十四世紀の六十年間に及ぶ動乱の渦中に巻き込まれていく。その動乱の収束ののちに軌道にのった室町幕府には、もはや「農本主義」的な色彩はほとんど見出されない。室町の王権は間違いなく、後醍醐が先取りした商業・金融にその基礎を求める政策によって安定したのである。

そして十五世紀以降、中央権力の弱化、地域への分散という事態に即応し、商人・廻船人等のネットワークは、それぞれの範囲を縄張りとし、独自な「大法」に依拠する自立的・広域的な組織となり、各地の海辺をはじめ交通の要衝には多数の自治的な都市が簇生《そうせい》し、社会は色濃く都市的で、計量的な色彩の濃い経済社会に発展していく。それはさきにふれたように、本格的な「文明化」に向う社会の大きな転換であったが、それとともにかつて商業・金融をはじめ博奕、清目《きよめ》を含むさまざまな芸能を支えていた神仏の呪術的な権威は低落、衰弱し、それに代って浄土真宗《じょうどしんしゅう》、日蓮宗《にちれんしゅう》、禅宗などの新たな宗教が、商工業者、廻船人などに広く受け入れられていった。

それは非人、博打、遊女などにも及んでいたと推測されるが、少なくとも「西日本」においては「穢」に対する忌避が社会の中に浸透し、神仏の呪術的力に依存するところの大きかった非人、博打、さらに遊女、遍歴・漂泊をつづける宗教民、芸能民に対する賤視が次第に社会に定着していった。ただ博打については、なおこの時期以降の実態はほとんど明らかでなく、商人、廻船人などとの結びつきもなお保たれていたと推測されるが、いずれにせよ、きびしい禁圧の下に置かれ、社会の陰の存在になっていったものと思われる。

社会の都市化、文明化がこうした暗い影を社会に刻み込んでいた事実から、われわれは決して目をそむけてはならないが、他方でそれが列島の社会全体に一様に進行したわけではないことも、また見落とすべきではない。

この時期に独自な国家、琉球王国を成立させた沖縄諸島の社会には、「穢」に関わる差別、賤視は近代にいたるまでなかったのであり、アイヌの社会も、もとより同様であった。

また前述のように、神人・供御人制が作動せず、「西日本」よりもむしろ銭貨の浸透、流通が早く、「穢」に対する対処も、「西日本」とは異っていたと見られる「東日本」においては、さきのような賤視、差別のあり方が「西日本」と異っていたことは確実である。江戸時代の状況から考えると、「渡守《わたしもり》」「野守《のもり》」「山守《やまもり》」「林守《はやしもり》」のような境界領域に関わる人々に対する差別があったのではないかと臆測されるが、牛馬の扱い方を含めて「穢」に関係した賤視、差別は「東日本」では「西日本」に比べてはるかに弱かったのではないかと思われる。

さらに「日本国」の支配下に入るのがおくれた東北、とくにその北部、中部九州から南九州にかけての地域も、「東日本」「西日本」と直ちに同一視できないものがあると考えられるが、その解明は今後を俟《ま》つほかない。

さらにまた、江戸時代のような「穢多《えた》・非人《ひにん》」の身分が制度化され、差別が固定化するまでの過程も、決して単線的ではなかった。とくに十六世紀、「西日本」の都市、都市的な場を中心に広く教線を伸ばし、巨大な政治的・宗教的勢力となった、一向一揆《いっこういっき》を背景とする浄土真宗の本願寺《ほんがんじ》教団が、織田信長と対決し、大量の流血を伴う死闘の末、徹底的に弾圧され、さらに十七世紀前半、列島の全域に信徒を組織し、やはり都市に基盤を置いて大きな勢力になろうとしたキリスト教が、江戸幕府によって根絶的な弾圧を蒙り、その上に立って、少なくとも建前は「農本主義」に貫かれた近世の幕府・大名の国家が確立していく大きな歴史のうねりが、商工業者、金融業者等の社会的地位の低下、非人・河原者、博打、遊女、そして諸種の宗教民・芸能民に対する差別の強化に、甚大な影響を与えたことは間違いない。これに立ち入るだけの力を現在の私は持ち合せていないが、こうした過程をきめ細かく明らかにすることなしに、江戸時代以降、近代にいたる差別の問題を本当に明らかにすることは決してできないであろう。

しかもその過程は、前述したように、「日本国」の支配下に置かれた社会のなかでも、ひとしなみに考えることはできないので、幕府による制度化にかかわらず、江戸時代の被差別民の名称が地域によって多様であった事実に、その一端が現われている。東北日本海岸の「らく」、加賀《かが》・能登《のと》・越中《えっちゅう》の「藤内《とうない》」、薩摩《さつま》の「しく」をはじめ、「茶せん」「鉢ひらき」など、さまざまな名称があったので、それは無《む》高《たか》民の名称が「水呑《みずのみ》」だけでなく、加賀・能登・越中の「頭振《あたまふり》」、越前の「雑家《ぞうけ》」、防長《ぼうちょう》の「門男《もうと》」(亡土)のように多様であったこととその根を同じくしており、近世の社会が諸地域それぞれにきわめて多彩であったことをよく示している。これらの名称のなかには、その起源がなお不明なものが少なからずあり、まずそれを追究することから仕事をはじめなくてはならない。

このように考えてくると、被差別部落の問題に対し、日本全国に画一的な姿勢でのぞむことは、歴史の事実、現実の実態を無視し、結果として国家の立場に立つこととならざるをえない。しかも本書でのべてきたように、非人・河原者の問題は、遊女・博打、さらには商工業者・金融業者の問題と不可分に結びつき、すぐれて都市の問題ということができるので、それを正確にとらえ、的確に位置づけるためには、列島の社会はもとより、人類社会の全体に及ぶ広い視野を持つ必要がある。

とすれば、残された課題はまことに大きく、未開拓な分野はきわめて広大であり、それを解決するためには、事実に対して徹底的に謙虚な姿勢を堅持しつつ、諸地域の実態に即したきめ細かく精密な研究が推進されなくてはならない。文献史学のみにとどまらぬ諸学の協力のなかで、さまざまな立場からの叡智が集められるならば、その課題の達成も決してさほど遠いことではない、と私は確信している。

本書がそのための小さな捨石になることができれば幸いである。

注

(1) 網野善彦「日本列島とその周辺――『日本論』の現在」『岩波講座　日本通史』第一巻、岩波書店、一九九三年。

(2) 佐藤泰弘〈十一世紀日本の国家財政・徴税と商業〉「新しい歴史学のために」二〇九号、一九九三年。保立道久〈切物と切銭〉「三浦古文化」五三号、一九九三年。

(3) 増川宏一『賭博』Ⅰ・Ⅱ・Ⅲ、法政大学出版局、一九八〇・八二・八三年、同『さいころ』同上、一九九二年。

(4) 網野善彦「博奕」『中世の罪と罰』東京大学出版会、一九八三年。
(5) 戸田芳実「院政期北陸の国司と国衙――医心方裏文書をめぐって――」『初期中世社会史の研究』東京大学出版会、一九九一年。
(6) 山本信吉・瀬戸薫〈半井本「医心方」紙背文書について〉「加能史料研究」四号、一九九一年、五味文彦「紙背文書の方法」石井進編『中世をひろげる』東京大学出版会、一九九一年。
(7) 網野善彦「中世遍歴民と『芸能』」『大系　日本歴史と芸能』第六巻、平凡社、一九九〇年。
(8) 網野善彦「東国と西国、華北と華南」『アジアのなかの日本史Ⅳ　地域と民族《エトノス》』東京大学出版会、一九九二年。
(9) 網野善彦〈悪党と海賊〉「大谷学報」七三―二、一九九四年。
(10) 網野善彦「一遍聖絵」『岩波講座　日本文学と仏教』第三巻、岩波書店、一九九四年。
(11) 網野善彦『異形の王権』平凡社、一九八六年。

あとがき

一九七八年七月、まだ名古屋に住んでいたころ、横井清氏にお誘いいただき、私は東京都産業労働会館で、横井氏の司会による阿部謹也氏との対談――実際は三人の鼎談を行った。

これはまことに興味深く、私にとっても学ぶところ多大な座談会であり、「東京部落解放研究」一八号（一九七九年四月）に〈中世における日本と西欧の権力と賤民の構造をめぐって〉と題して掲載されたが、それが座談会を計画された石井昭男氏との最初の出会いであり、また横井・阿部両氏の交友はこのときにはじまったのではないかと思う。

石井氏はこの座談会の記録をなんらかの形で単行本とすることを計画されていた。もう一度、三人で鼎談をするとともに、それぞれに論文を書き加えてはという石井氏の提案で、三人で会合を持ったこともあったが、さまざまな行き違いがあって、ついにこの計画は実現しなかったのである。

そのことが確定したとき、石井氏は鼎談集刊行を諦めるかわりに、三人それぞれに一書をまとめてもらいたい、と私に提案された。横井・阿部両氏はどのように答えられたか知らないが、私はともあれ、いつかはその提案に応ずることにしたい、とお約束した。たしか一九八二年のことだったと思う。

それから十二年の月日が経過しており、ここにいたるまで、石井氏からときどきご催促をうけ、とくに明石書店の編集協力者として、一時期、本書の編集を担当された藤原清貴氏は、論文のコピー、原稿用紙への貼付などの作業を進めつつ、私を督促されてきたが、いまようやく、このような形でさきの石井氏との約束を果たすことができた。

本書は一九七六年から一九九三年までの間に、あちこちに発表してきた被差別部落形成史に関わる論文、ノート、書評、史料紹介と、女性、とくに遊女に関連して書いたものとに、それぞれ補筆・修正を加え、僅かな新稿をまとめたものである。長い年月の間に、そのときどきの必要から書いたものが多いため、重複も目立つので、さらに手を入れ、新稿も加えたいと思ってここまで引き延ばしてきたが、当面はこれ以上のことはできそうもなく、どうやら一書になりそうに思ったので、刊行にふみ切った。

この分野の研究は、近年、非常に活発であり、拙《つた》ない私の考えをこのようにまとめることにどの程度の意味があるのか忸怩《じくじ》たるものがあるが、大方のきびしい御批判を得て今後のさらなる勉強へのステップにしたいと思い、あえてこうした形にした次第である。

御迷惑をおかけしつづけた石井氏にお詫びするとともに、ここまで寛大に待ちつづけて下さったことに、御礼を申し上げたい。また、さきのように編集を推進、督促された藤原氏、そのあとをうけついで、最終的に編集を完成して下さった塩見鮮一氏に、心から感謝の意を表する。

網野　善彦

一九九四年五月三日

初出誌一覧

聖と俗の境で　「週刊朝日百科　日本の歴史　近世I——⑩賤民と王権」朝日新聞社、一九八七年。
女たちの中世　「週刊朝日百科　日本の歴史　中世I——③遊女・傀儡・白拍子」朝日新聞社、一九八六年。
中世身分制の一考察——中世前期の非人を中心に——　「歴史と地理」二八九号、一九七九年九月。
非人に関する一史料　「年報中世史研究」一号、一九七六年五月。
非人と塩売　「年報中世史研究」四号、一九七九年五月。
清目・河原人の給田　新稿。
古代・中世の悲田院をめぐって　『中世社会と一向一揆』吉川弘文館、一九八五年十二月。
中世の「非人」をめぐる二、三の問題　「立命館文學」五〇九号、一九八八年十二月。
勧進法師と甲乙人　「年報中世史研究」五号、一九八〇年五月。
検非違使の所領　「歴史学研究」五五七号、一九八六年八月。
横井清著『中世民衆の生活文化』をめぐって　「史学雑誌」八五—一、一九七六年一月。

三浦圭一著『中世民衆生活史の研究』について　「社会経済史学」四九―四、一九八三年十月。

中世の女性（原題「生活と職業――中世の女性像から――」）　『家庭科教育論』東信堂、一九八八年四月。

遊女と非人・河原者　大系・仏教と日本人8『性と身分』春秋社、一九八九年九月。

中世における女性の旅　「交通史研究」三〇号、一九九三年六月。

終章　新稿。

＊既発表の稿には、いずれも、若干の加筆・修正を行った。

解　説

山本幸司

二〇〇四年二月末に亡くなった網野善彦氏の膨大な業績のうち、非人および遊女に関する主要論考をまとめたのが本書である。全体は非人について扱う第I部と、遊女・女性一般について扱う第II部とで構成され、収録論考の発表時期は一九八〇年代を中心に、その前後にわたる。

非人に関する研究史は、戦前の喜田貞吉・柳田国男らの研究をはじめとして、戦後の林屋辰三郎・黒田俊雄・横井清・三浦圭一・大山喬平・脇田晴子ら諸氏に至るまで数多く、またさまざまな角度から論じられてきた。そうした中で著者は一貫して、鍛冶・番匠などの手工業者ばかりでなく、各種の商人や荘官・知識人から遊女や傀儡子・博奕打ち、果ては宋人・唐人までを含む、極めて広範な、言ってみれば職能に従事する人びとすべてを包括する「職人」という概念の中で、非人を捉え直そうと試みてきた。本書に収められた各論考は、そうした試みの一環である。

したがって本書における非人論を理解するには、網野氏の歴史研究に共通するキー・ワードともいえる職人という概念について知らなければならない。

網野氏によれば、職人とは次のような存在である。この言葉にも時代による意味の変遷があるが、十二〜十三世紀以降になると、実態として漁民・狩猟民・商工業者・芸能民・呪術師など、農業以外の生業で生活する人々を広く指す言葉となる。この時期の職人には、下《げ》司《し》・公文《くもん》・田所《たどころ》など荘園領主の下級の代理人（荘官）層が含まれている点が注目されるし、あるいは職人という言葉で、これらの階層を指す方が古い用法かもしれないという推測も成り立つ。だが、これらの職務も文書や絵図の作成、帳簿の管理、計数能力など、一般の人間にはない専門的技能を要求される点では、他の職人と共通しており、あるいはそれによって職人に分類されたとも考えられる。

ところが十四世紀の後半ごろから、荘官層を職人とする用例が減少する一方、「職人」を非農業民を広範に指す言葉としてではなく、より限定された手工業者を指して用いる例が増大してくるようになり、それがそのまま後世に引き継がれていく。こうした言葉の変遷を前提とした上で、網野氏は、「職人」概念をもっとも広い意味での職人、つまり専門とする技能（芸能）を持って、その技術の錬磨（道）に努力している、非農業民と規定するのである。

この職人身分の特質は、その専門的な職能を通じて天皇・貴族・武家・寺社に奉仕し、その代わりに平民の負担する年貢・公事《くじ》を一部ないし全部、特権的に免除されている点にある。だが同様に年貢・公事を負担していないといっても、下人・所従らの隷属民の場合は、隷属するがゆえに負担する資格を持たないのとは対照的に、職人は移動の自由はもちろん、寺社など複数の権力者に奉仕する自由をも有している点で隷属民と異なる。ただし、この年貢・公事を負担しないという平民との違いが、本来は特権であるにもかかわらず、後に職人が平民から差別される根拠となった可能性も指摘できる。

職人の年貢・公事免除の特権に関する保証は国家によって与えられているが、通行税を支払うことなく各地を往来して、売買交易する特権もまた山野河海《さんやかかい》・関渡津泊《かんとしんぱく》・道・市などの無主の場に対する天皇の支配権によって保証されていた。しかも、この天皇による保証が実質的な意味を持っていたのは南北朝時代ごろまでであるにもかかわらず、天皇と職人との結び付きは、職人の職能の起源伝説の形で後世まで存続する。これは天皇制の存続とも関係する重要な問題であり、こうした現象が特に日本の西国に強く現れるのに対して、東国では同じような職人の由緒が鎌倉幕府の創設者源頼朝に起こるとされている事例が多いことは、日本文化における西国と東国との差異を考える際にも留意すべき特質である。

このような特権を持った職人身分に、鎌倉時代までは、唐人と呼ばれる外国人商人や乞食・非人などの後世には差別される人々も含まれていたのである。

以上に説明したような職人一般についての規定から非人を捉えるとどうなるか。網野氏が力説するのは、非人が清目《きよめ》を芸能とする職人身分であること、非人は天皇支配権の下で課役免除の特権を与えられる一方、寺社権門《じしやけんもん》とも奉仕関係を結んでおり、それによって権門の家産的支配に組み込まれると同時に、聖なる存在として畏怖される側面を持っていたこと、このような存在として少なくとも鎌倉時代には非人に対する体制的な賤視・差別は見られなかったこと、などである。

従来の一般的な非人像に見られたような、施し・恵みの対象としか考えられない打ち拉《ひし》がれた弱者の姿ではなく、中世の非人存在の持つ強靭な生命力を強調し、強盗や党争、蓄財など、非人集団の持っていた負の側面にさえ積極的な意味を付与しようという著者の姿勢には、賤視・差別のなかった時代に対する憧れにも近い思い入れが窺える。

しかし鎌倉末〜南北朝期には非人集団が拡大する一方で、集団内部に分化・対立が生じてくる。それに伴って、社会全般に非人やそこから分化した職能集団に対する賤視・差別が強まってくるという、相関関係が見られた。こうした現象は、非人集団のみに限定される問題ではない。そこには著者のいう文明史的転換ともいうべき、日本社会の一大変動が作用していたのであり、この時期を境に、非人を賤視・差別するような固定化され閉鎖化した社会の在り方が始まるのである。そして天皇・神仏に直属し、聖なる物につながることによって畏怖されていた人びとが、やがて賤視の対象へと転化するという逆転現象も生じる。だが、この文明史的転換を越えた時代の姿を元に、それ以前の時代の在り方を考えることは、顚倒した姿勢であり、それに対して網野氏は各所で異議を唱えている。

一方、ルイス・フロイスの『日欧文化比較』の引用から始まる第II部では、中世の女性の在り方について、不自由で抑圧される存在という過去の女性に関する常識的見解を、さまざまな事例を挙げることによって反証していく。

『三十二番職人歌合』『七十一番職人歌合《しょくにんうたあわせ》』などには、実に多種多様な女性商人・芸能民・宗教者たちが描かれている。例えば『七十一番職人歌合』からは、機織《はたおり》・酒作《さかつくり》・餅売・大原《おはら》女《め》・扇売・帯売・白物《しろいもの》売・魚《いお》売・挽入《ひぎれ》売・饅頭《まんじゅう》売・硫黄箒売・女盲・立君《たちぎみ》・図子君・紅粉《べに》解《とき》・米売・豆売・いたか・豆腐売・索麺《そうめん》売・麹《こうじ》売・牙儈《すあい》・白拍子《しらびょうし》・曲舞々《くせまいまい》・縫物《ぬいもの》師・組《くみ》師《し》・畳紙《たとうがみ》売・白布《しろぬの》売・綿売・薫物《たきもの》売・巫《かんなぎ》・比丘尼《びくに》・尼衆・心太《こころぶと》売などが拾える。こうした多様な在り方を見れば、中世の女性たちが自由に遊行・遍歴し、固有の財産と職能を持つ自立した職能民であった事実が浮かび上がる。ここに挙げた遍歴する遊女・傀儡子《くぐつ》・白拍子《しらびょうし》や桂女《かつらめ》・大原女などの商人のほかにも、荘園の預所《あずかりどころ》・荘官、名主職の所有者、借上《かしあげ》・土倉《どそう》などの金融業者あるいは家・倉の管理者として、男性に伍して堂々と活躍していた女性たちは珍しくなかった。また平仮名を駆使して日記や女流文学に活躍した女性たちの存在は、日本女性の知的水準を示すものでもあった。

だが、時代が下るにつれ、彼女たちも次第に男性の補助者と化し、同時に遍歴する女性たちへの賤視も顕著になっていくという社会的プロセスが進展する。「公界《くがい》」という自由を含意する言葉が、やがて近世の「苦界《くがい》」へと変化するところに、それが端的に象徴されている。この女性たちの社会的地位の低下は、I部で取り上げた非人の賤視化と対応する現象で、その背後には共通する日本社会の大きな変動が作用している。

日本は高度経済成長によって社会全体にわたる大変革を受けたが、網野氏の説では、それ以前の社会のあり方の基本的な姿は、恐らく南北朝時代を境とする、これも民族的規模での変革によって出来上がったものであり、それよりさらに前の日本社会のあり方は、南北朝以降とはいろいろな点で異なるのである。これが先に述べた文明史的転換ということで、著者の挙げる南北朝を挟む二つの時代の相違点とは、具体的には、コミュニケーションにおける音声から文字への比重の移動、五官に頼る知覚から論理的・思考的認識への移行、呪術の衰退、私的所有の発展、都市・貨幣経済の展開などとなる。

以上が本書の基本的モチーフだが、それはまた網野氏の歴史学における別の中心テーマである、日本列島における多様な文化、多様なエスニシティ集団の存在とも結びつくものであった。

（静岡文化芸術大学教授）

KODANSHA

本書の原本は、一九九四年、明石書店より刊行されました。

網野善彦（あみの　よしひこ）

1928年，山梨県生まれ。東京大学文学部卒業。日本常民文化研究所員，都立北園高校教諭，名古屋大学文学部助教授，神奈川大学短期大学部教授を歴任。主著は『日本中世の非農業民と天皇』『無縁・公界・楽』『日本の歴史をよみなおす』『「日本」とは何か』など。学術文庫に『東と西の語る日本の歴史』『中世再考』『海と列島の中世』がある。2004年没。

講談社学術文庫

定価はカバーに表示してあります。

中世《ちゅうせい》の非人《ひにん》と遊女《ゆうじょ》

網野《あみの》善彦《よしひこ》

2005年2月10日　第1刷発行
2024年5月17日　第25刷発行

発行者　森田浩章
発行所　株式会社講談社
　東京都文京区音羽2-12-21 〒112-8001
　電話　編集（03）5395-3512
　　　　販売（03）5395-5817
　　　　業務（03）5395-3615
装　幀　蟹江征治
印　刷　株式会社ＫＰＳプロダクツ
製　本　株式会社国宝社
本文データ制作　講談社デジタル製作

ISBN4-06-159694-2

「講談社学術文庫」の刊行に当たって

これは、学術をポケットに入れることをモットーとして生まれた文庫である。学術は少年の心を養い、成年の心を満たす。その学術がポケットにはいる形で、万人のものになることは、生涯教育をうたう現代の理想である。

こうした考え方は、学術を巨大な城のように見る世間の常識に反するかもしれない。また、一部の人たちからは、学術の権威をおとすものと非難されるかもしれない。しかし、それはいずれも学術の新しい在り方を解しないものといわざるをえない。

学術は、まず魔術への挑戦から始まった。やがて、いわゆる常識をつぎつぎに改めていった。学術の権威は、幾百年、幾千年にわたる、苦しい戦いの成果である。こうしてきずきあげられた城が、一見して近づきがたいものにうつるのは、そのためである。しかし、学術の権威を、その形の上だけで判断してはならない。その生成のあとをかえりみれば、その根は常に人々の生活の中にあった。学術が大きな力たりうるのはそのためであって、生活をはなれた学術は、どこにもない。

開かれた社会といわれる現代にとって、これはまったく自明である。生活と学術との間に、もし距離があるとすれば、何をおいてもこれを埋めねばならない。もしこの距離が形の上の迷信からきているとすれば、その迷信をうち破らねばならぬ。

学術文庫は、内外の迷信を打破し、学術のために新しい天地をひらく意図をもって生まれた。文庫という小さい形と、学術という壮大な城とが、完全に両立するためには、なおいくらかの時を必要とするであろう。しかし、学術をポケットにした社会が、人間の生活にとってより豊かな社会であることは、たしかである。そうした社会の実現のために、文庫の世界に新しいジャンルを加えることができれば幸いである。

一九七六年六月　　　　野間省一

文化人類学・民俗学

年中行事覚書
柳田國男著（解説・田中宣一）
人々の生活と労働にリズムを与え、共同体内に連帯感を生み出す季節の行事。それらなつかしき習俗・行事の数々に民俗学の光をあて、隠れた意味や成り立ちを探る。日本農民の生活と信仰の核心に迫る名著。
124

妖怪談義
柳田國男著（解説・中島河太郎）
河童や山姥や天狗等、誰でも知っているのに、実はよく知らないこれらの妖怪たちを追究してゆくと、正史に現われない、国土にひそむ歴史の真実をかいまみることができる。日本民俗学の巨人による先駆的業績。
135

中国古代の民俗
白川　静著
未開拓の中国民俗学研究に正面から取り組んだ労作。著者独自の方法論により、従来知られなかった中国民族の生活と思惟、習俗の固有の姿を復元、日本古代の民俗的事実との比較研究にまで及ぶ画期的な書。
484

南方熊楠《みなかたくまぐす》
鶴見和子著（解説・谷川健一）
南方熊楠――この民俗学の世界的巨人は、永らく未到のままに聳え立ってきたが、本書の著者による満身の力をこめた独創的な研究により、ようやくその全体像を現わした。〈昭和54年度毎日出版文化賞受賞〉
528

魔の系譜
谷川健一著（解説・宮田　登）
正史の裏側から捉えた日本人の情念の歴史。死者の魔が生者を支配するという奇怪な歴史の底流に目を向け、呪術師や巫女の発生、呪詛や魔除けなどを通して、日本人特有の怨念を克明に描いた魔の伝承史。
661

塩の道
宮本常一著（解説・田村善次郎）
本書は生活学の先駆者として生涯を貫いた著者最晩年の貴重な話――「塩の道」「日本人と食べ物」「暮らしの形と美」の三点を収録。独自の史観が随所に読みとれ、宮本民俗学の体系を知る格好の手引書。
677

《講談社学術文庫　既刊より》